나는 오늘도
아이 편에 선다

나는 오늘도 아이 편에 선다

교실에서 사회까지, 교육의 본질을 다시 묻다

초판 1쇄 발행 2026년 2월 25일

지은이 안광식
펴낸이 장길수
펴낸곳 지식과감성#
출판등록 제2012-000081호

교정 이주연
디자인 정윤솔
편집 정윤솔
검수 정은솔
마케팅 김윤길

주소 서울시 금천구 벚꽃로298 대륭포스트타워6차 1212호
전화 070-4651-3730~4
팩스 070-4325-7006
이메일 ksbookup@naver.com
홈페이지 www.knsbookup.com

ISBN 979-11-392-3110-6(03370)
값 17,000원

나는 오늘도 아이 편에 선다

안광식 지음

교실에서 사회까지,
교육의 본질을 다시 묻다

"나는 오늘도 같은 자리에서
같은 약속을 반복한다.
흔들리고, 고민하고, 때로는 늦더라도
아이 편에 서겠다는 약속."

지식과감정#

차례

추천사 1 8
추천사 2 11
추천사 3 14
추천사 4 17

프롤로그 19

교육을 다시 묻기 시작하다

연구소에서 시작된 질문 28
왜 교육을 다시 말해야 했는가 32
비전은 어떻게 정책이 되는가 34
현장에서 시작된 정책의 방향 37
다시, 교육을 묻는 자리에서 38

교육은 말이 아니라 실천이다

진로교육을 바라보는 사회의 시선 42
성적 중심 진로에 대한 비판적 고찰 43

진로를 너무 이르게 결정하라는 압박 45
아이에게 필요한 것은 선택이 아닌 탐색 47
운동선수 육성과 공교육의 책임 49
엘리트 체육과 학습권의 충돌 51
선수이기 이전에 학생이라는 원칙 53
공교육이 지켜야 할 최소한의 약속 55
밖에서 바라본 학교의 변화 57
겉으로 드러나지 않았던 학교의 변화 60

교육행정의 문 앞에 서다

인수위원회 과정에서 마주한 현실 64
정책은 어떻게 만들어지는가 66
이상과 현실 사이에서 배운 행정의 언어 67
설득이 필요하다는 사실 69
제도 안으로 들어가며 더 분명해진 질문 70
문 안으로 들어서며 세운 기준 72

정책은 현장에 닿아야 한다

아이의 안전에서 시작된 질문 75
유치원에 간호사가 필요했던 이유 76
라이브레드: 아침과 함께하는 도서관 78
혁신학교 평가를 둘러싼 논쟁 83

배정은 절차였지만, 결과는 삶이었다 88
숫자가 아닌 사람을 기준으로 한 정책 90

흔들리는 교육 앞에서

나는 언제부터 침묵이 문제라고 느꼈는가 96
조직 안에서 본 공정의 붕괴 100
말하는 사람에게 돌아오는 것들 107
그럼에도 책임을 피해갈 수 없었던 이유 111

학교는 변할 수 있는가

더는 유지할 수 없던 구조 118
학과 개편이라는 결정 122
새로운 학교의 탄생 126
학생을 기준으로 다시 설계하다 130
교실에서 확인된 '구조의 한계' 134
좌절을 통과하며 더 선명해진 결론 137
장영실고, 설계가 신뢰로 이어질 때 140

갈등과 삶을 가르치는 교육

처벌 대신 회복을 선택하다 149
삶을 준비시키는 교육으로 154

교육은 사회로 이어진다

시민과 함께한 교육 163
민주주의를 배우는 학교 165
사회 문제를 바라보는 아이들의 시선 168
교육이 사회로 확장되는 방식 171

에필로그 176

추천사 1

세종의 학부모와 교사들이 지금 가장 크게 고민하는 문제는 분명합니다.

아이의 학습과 진로를 둘러싼 불안, 학교 현장에 차곡차곡 쌓여온 교사의 피로, 그리고 변화가 필요하다는 데에는 모두가 공감하지만 어디서부터, 어떻게 바꾸어야 할지에 대해서는 쉽게 답을 찾기 어려운 현실입니다.

『나는 오늘도 아이 편에 선다』는 바로 이러한 고민에 차분하게 응답하는 기록입니다.

이 책은 교육을 이상적인 언어로 포장하지 않습니다.
대신 세종 교육이 실제로 마주하고 있는 문제의 구조를 담담히 짚어 내며, 그 문제를 해결하기 위해 어떤 선택과 어떤 책임이 필요한지를 현장의 경험을 통해 설득력 있게 보여 줍니다.

안광식은 교사로서 교실의 일상을 누구보다 가까이에서 경험했고, 행정과 정책의 현장에서 제도가 학교에 어떤 영향을 미쳐 왔는지를 몸소 겪어 온 교육정책·행정 전문가입니다.

동시에 그는 디지털·AI 교육을 중심으로 미래교육의 방향을 설계해 온 전문가로서, 기술의 도입 그 자체보다 아이의 성장과 공교육에 대한 신뢰를 지켜 내는 방향에서 미래교육을 고민해 온 인물입니다.

이 책에서 특히 인상 깊은 점은 정책을 설명하는 데 그치지 않고, '현장에 닿는 변화란 무엇인가'를 끝까지 묻는 태도입니다.

기초학력, 정서와 관계, 진로와 안전, 그리고 디지털 전환에 이르기까지 세종 교육이 안고 있는 과제들을 행정의 편의가 아니라 아이와 교사의 눈높이에서 다시 바라보고 있습니다.

안광식이 제시하는 해법은 크고 요란한 구호가 아닙니다.
지금의 교육 구조를 정확히 이해한 사람만이 제시할 수 있는 차분하지만 분명한 전환의 방향입니다.

교사의 전문성이 존중받고, 학부모가 공교육을 다시 신뢰할 수 있으며, 디지털·AI 교육이 경쟁이 아니라 성장의 도구가 되는 교육.

이 책은 그러한 세종 교육의 대전환이 결코 멀리 있는 이야기가 아님을 차분히 보여 줍니다.

『나는 오늘도 아이 편에 선다』는 한 교육자의 개인적 회고를 넘어, 지금 세종 교육이 왜 변화해야 하는지, 그리고 그 변화를 누가 책임 있게 이끌 수 있는지에 대해 조용하지만 분명한 답을 건넵니다.

세종의 아이들, 세종의 학교, 세종의 미래교육을 함께 고민하는 모든 이에게 이 책을 기꺼이 권합니다.

류진선
충남대학교 사범대학 겸임교수

추천사 2

1990년대, 안광식 선생님을 처음 만났을 때의 인상이 아직도 또렷하다. 부드럽고 온화한 인상과 차분하면서도 세련된 화법은 당시 실업계 교사의 전형적인 이미지와는 사뭇 달랐고, 자연스레 깊은 관심을 갖게 만들었다.

첫 대화의 주제 역시 인상적이었다. 산업고등학교 현장의 부조리한 현실을 어떻게 바라보고, 어떻게 바꿔야 하는가에 대한 진지한 고민이었다.

안광식 선생님은 언제나 문제를 학생의 입장에서 바라보았다. 학교의 부조리를 외면하지 않고, 학생 편에 서서 판단하고 해결하고자 끝까지 고민하고 실천하는 고집은 많은 이들에게 감동을 주었다.

당시 실업계 학교에서 교사가 학생을 존중하며 제도의 문제를 정면으로 짚는 일은, 때로는 조직 내에서 스스로를 고립시키는 선택이기도 했다. 그럼에도 불구하고 안 선생님은 학생들의 든든한 버팀목이 되겠다는 신념으로 묵묵히 그 길을 걸어갔다.

2008년, 천안제일고등학교 학생부에서 함께 근무하며 나는 그의 교육 실천이 결코 말에 그치지 않음을 다시 한번 확인할 수 있었다. 학생을 위한 성실함과 치밀함은 아이들에게는 희망의 빛이 되었고, 교사로서도 행복한 삶을 살 수 있다는 확신을 심어주었다.

당시 '그린마일리지'라는 이름의 상벌점 제도는 1년에 100명이 넘는 학생이 학교를 떠나게 만드는 구조적 문제를 안고 있었다. 학생은 반드시 학교를 졸업해야 한다는 신념을 지녔던 안광식 선생님은 이 제도의 폐해를 끈질기게 설명하며, 상벌점제의 개선과 함께 담임교사의 징계 양형 감면 조항 신설을 제안하였다.

그 결과, 매년 100명 이상이 학교를 이탈하던 천안제일고는 연간 7~8명 수준으로 학생 이탈이 줄어드는 건강한 학교 문화로 변화할 수 있었다.

이 과정에서 보여준 안광식 선생님의 실천은 단순한 제도 개선을 넘어, 교육이 사람을 살릴 수 있다는 사실을 증명한 사례였다. 나는 이러한 변화를 이끌어낸 교육 실천가로서의 안광식 선생님을 분명히 기억하고 있다.

교육에 관해 누구보다 진솔하게 공부하고, 철저하게 현장에서 실천해 온 안광식 선생님의 행보는 우리 교육을 한 단계 더 성숙하게 만들고, 학생과 교사 모두가 행복한 학교로 나아가게 하는 힘이 될 것이라 확신한다.

이러한 이유로 나는 안광식 선생님을 진심으로 추천하며, 앞으로의 행보에도 변함없는 신뢰와 기대를 보낸다.

손성훈
전) 금산고등학교 교사

추천사 3

2025년 늦가을의 어느 날, 한 통의 소식이 오래된 기억을 다시 떠올리게 했다.

옛날 논산공업고등학교에서 함께 교직 생활을 했던 안광식 선생님이 세종시 교육을 위해 새로운 역할을 맡게 되었다는 이야기를 지인을 통해 들었다. 논산공업고등학교에 근무한 후 세종시로 전출하여 진로교육, 학생안전, 학생 간의 갈등조정, 교육정책연구 등 훌륭한 교육활동을 수행하는 모습을 보며 참으로 대견하다는 생각을 가지고 있었다.

그 후 진로교육원장에 임용되셨다는 소식을 듣고 내 일처럼 기뻐했던 일이 생각난다. 또한 세종시 교육을 위해 더 큰 역할에 나서신다는 이야기를 듣고, 같이 교직 생활을 함께했던 동료로서 그리고 그분의 훌륭한 교육철학을 잘 아는 사람으로서, 세종시 학생들의 행복한 교육을 위해 참으로 훌륭하고 의미 있는 결단을 하셨다고 생각한다.

오래전 안광식 전 원장님이 천안제일고등학교에 근무하실 적에 학생생활지도, 직업교육 등 여러 분야에 열정적이시고 또한 능력이 탁월하시다는 동료 교사들의 평가를 듣고, 당시 논산공고에서 교감으로 근무했던 내가 직접 안광식 선생님께 전화드려 함께 근무하고 싶다는 뜻을 전하였다.

선생님께서는 흔쾌히 나의 제안을 받아들이셨고, 논산공고에서 직업교육부장으로 근무하시며 학생들의 생활지도는 물론 직업교육 전반에 걸쳐 탁월한 역할을 수행해 주셨다. 그 과정을 통해 나는 안광식 선생님의 학생을 향한 교육철학의 깊이를 더욱 분명히 알게 되었다.

며칠 전 안광식 선생님께서 『나는 오늘도 아이 편에 선다』라는 책 원고를 보내주셔서 읽어보았다. 퇴직을 한 나에게 과거를 돌아보게 하고, 스스로를 반성하게 만드는 훌륭하고도 알찬 내용으로 가득 찬 책이라 생각했다.

선생님께서 학생들의 올바른 성장을 위해 오랫동안 고민하고 연구해 온 모든 해답이 담겨 있는 책으로, 모든 교육자가 반드시 읽어야 할 참으로 소중한 저서라 여겨진다.

안 선생님은 사랑이나 행복을 자신에게 심으려 하기보다, 이웃에게 사랑과 행복을 심고 그것이 열매 맺기를 묵묵히 기다리는 분이

셨다.

집념이나 강직함, 우월함이나 권위가 아니라, 소박함과 겸손함, 그리고 일상의 따뜻하고 부드러움이 진정한 열매를 맺는다는 것을 교육 현장에서 몸소 실천해 온 삶의 예술가이셨다.

성공한 사람이 행복한 것이 아니라, 행복한 사람이 성공한다는 말처럼, 안 선생님의 교육철학이 담긴 이 한 권의 책이 학교 현장에서 세종시 학생들이 평생 행복한 삶을 살아갈 수 있도록 돕는 소중한 지침서가 되기를 진심으로 희망한다.

손중대
전) 금산교육장

추천사 4

세계가 빠르게 변화하는 가운데, 오늘날 우리의 교육 현장은 전례 없는 혼란과 도전에 직면해 있습니다. 기술 발전과 사회적 요구의 변화 속에서 교육의 방향을 잃기 쉬운 이 시점에, 30여 년간 교단과 교육행정의 최전선에서 헌신해 온 한 교육 전문가의 에세이가 세상에 나오는 것은 참으로 반가운 일입니다.

저자의 에세이 『나는 오늘도 아이 편에 선다』는 단순한 회고록이 아닙니다. 이는 교육자로서의 치열한 삶을 증언하는 동시에, 우리 교육이 나아가야 할 길을 비추는 등대와 같은 역할을 합니다.

저자는 교사로서 아이들의 눈높이에서 소통하는 법을 배웠고, 교육행정가로서 현장의 목소리를 정책에 반영하는 혜안을 키워왔습니다. 이론에만 매몰되지 않고 현장에서의 구체적인 실천을 통해 쌓아 올린 저자의 전문성은 이 책의 문장마다 깊이 있게 스며들어 있습니다.

가장 감명 깊은 점은 저자가 일관되게 지켜온 '아이 중심'의 철학입니다. 행정적 효율성이나 조직의 논리에 매몰되기 쉬운 위치에서도, 저자는 언제나 “이 결정이 아이들에게 유익한가?”라는 근본적인 질문을 던졌습니다.

30여 년이라는 긴 세월 동안 이 초심을 유지하기란 결코 쉬운 일이 아닙니다. 저자가 말하는 ‘아이 편에 선다’는 것은 단순히 아이들을 두둔하는 것이 아니라, 교육의 본질을 지키겠다는 뜨거운 자기 성찰이자 다짐입니다.

이 책 속에는 후배 교육자들이 마주할 고민에 대한 실질적인 조언과, 학부모들이 이해해야 할 교육 현장의 진솔한 뒷모습이 담겨 있습니다. 교육계의 원로로서, 이 책이 교권의 추락을 걱정하는 교사들에게는 자긍심을, 아이의 미래를 고민하는 학부모들에게는 교육에 대한 신뢰를 회복하는 계기가 되기를 바랍니다.

평생을 교육에 헌신하고도 여전히 ‘오늘도 아이 편에 서겠다’라고 말하는 저자의 진심에 경의를 표하며, 교육을 사랑하는 모든 이들에게 이 책을 기쁜 마음으로 추천합니다.

최완식

충남대학교 사범대학 기술교육과 명예교수

프롤로그

나는 아이들 앞에서 완벽한 어른이었던 적이 없다. 다만 교단에 처음 섰던 순간부터 지금에 이르기까지, 한 가지 약속만은 스스로에게 반복해 왔다. 어떤 상황에서도 아이 편에 서겠다는 다짐이다.

그것은 교사가 된 첫날 거창하게 세운 선언이 아니라, 수없이 흔들리고 망설이며 때로는 침묵의 순간 앞에 서야 했던 시간들을 지나며 조금씩 굳어 온 약속이었다.

교실에서 만난 아이들은 늘 나에게 질문을 던졌다. 말로 하지 않은 질문도 있었고, 눈빛으로 남겨진 질문도 있었다. "선생님, 이건 공정한가요.", "왜 어떤 아이는 더 많은 기회를 갖고, 어떤 아이는 그렇지 못한가요." 나는 그 질문들에 언제나 명확한 답을 주지 못했다.

그러나 외면하지 않으려 애썼다. 그 태도야말로 교사로서 내가 선택한 최소한의 책임이라고 믿었기 때문이다.

나는 오랫동안 나 자신을 특별한 교육자라고 생각해 본 적이 없다. 아이들 곁에서 아이들의 시간을 조금 더 진지하게 바라보려 노력해 온 교사였을 뿐이다. 교단에 선 첫날부터 지금까지 붙들어 온 질문은 단순하면서도 무거웠다.

교육은 누구를 위해 존재하는가, 그리고 그 질문 앞에서 나는 어떤 어른으로 서야 하는가.

성덕초등학교와 금호중학교, 대전동산고등학교를 거쳐 충남대학교에 이르기까지, 나의 배움과 성장은 늘 학교라는 공간과 함께했다. 학사와 석사, 교육학 박사 과정으로 이어진 공부는 나를 이론적으로 단단하게 만들었지만, 동시에 더 많은 질문을 안겨 주었다.

교육을 알면 알수록 교실에서 벌어지는 일들이 개인의 노력만으로는 설명되지 않는 구조와 제도의 문제라는 사실이 분명해졌기 때문이다.

교사로서의 삶은 금호중학교에서 시작되었다. 첫 발령지에서 만난 아이들은 나에게 교육의 본질을 가장 먼저 가르쳐 주었다.

가정 형편이 넉넉하지 않아 늘 조용히 교실 한편에 앉아 있던 아이, 질문을 삼키며 고개를 숙이던 아이, 운동장에서만 비로소 자신이 되는 아이들. 그 아이들 앞에서 나는 끊임없이 스스로에게 물었다. 지금 이 아이에게 필요한 것은 지식인가, 아니면 이해인가.

이 질문은 이후 내가 어떤 자리에 서게 되더라도 결코 놓지 않게 된 기준이 되었다.

교실에서의 경험은 나를 자연스럽게 교육의 확장된 영역으로 이끌었다. 충남대학교 사범대학 겸임교수로 강단에 서며 예비 교사들과 만났고, 교육통계와 공업기초를 강의하며 현장과 이론 사이의 간극을 다시 바라보게 되었다.

정책과 통계[3]의 언어로 설명되는 교육이 실제 교실에서는 얼마나 다른 얼굴을 하고 있는지를 학생들의 질문을 통해 확인했다. 이 경험은 이후 교육행정의 문 앞에 섰을 때에도 현장의 언어를 쉽게 포기하지 않게 만든 중요한 밑거름이 되었다.

세종특별자치시교육청에서 진로교육원장, 학생화해중재원장, 안전체험교육원장, 교육정책연구소장으로 일하며 나는 교실 밖에서 교육을 다시 배우는 시간을 가졌다.

정책과 제도는 언제나 선한 의도로 출발하지만, 현장에 닿지 못할 때 교육은 쉽게 상처를 남긴다. 갈등을 처벌로만 다루는 구조, 진로를 성과로만 평가하는 방식, 안전을 관리의 문제로만 바라보는 시선 속에서 아이들은 종종 보호받지 못했다.

그럴 때마다 나는 교실에서 처음 품었던 질문으로 되돌아갔다. 이 결정은 과연 아이의 편에 서 있는가.

특히 학생화해중재원에서의 시간은 나에게 깊은 흔적을 남겼다. 학교폭력이라는 이름 아래 정리되는 수많은 사건들 속에서, 관계가 회복되지 않은 채 끝나 버린 '사안들'을 보았다.

처벌 이후에도 남는 아이들의 불안과 낙인을 마주하며, 교육은 판단보다 먼저 회복을 고민해야 한다는 확신을 갖게 되었다. 교육은 빠른 결론이 아니라, 느리더라도 책임 있는 과정을 통해 완성된다는 사실을 그곳에서 배웠다.

교육정책연구소에서 정책을 연구하고, 세종참여자치시민연대와 세종환경연합, 더민주혁신회의 등 시민사회 활동에 참여한 시간은 교육을 사회의 문제로 다시 바라보게 만들었다.

현재 민주평화통일자문회의 상임위원으로 활동하며, 나는 교육이 단지 학교 제도의 문제가 아니라 아이들이 살아갈 미래 사회의 방향과 직결된 문제임을 더욱 분명히 인식하고 있다.

평화와 공존, 시민의식과 민주주의는 어느 날 갑자기 만들어지지 않는다. 그것은 결국 교실에서 길러진 태도와 질문이 사회로 이어진 결과다.

금호중학교 총동문회장을 맡아 학교와 지역을 다시 잇는 경험 또한 교육의 또 다른 얼굴을 보여주었다.

졸업 이후에도 학교를 기억하고, 장학금과 학교 이전 문제를 함께 고민하는 어른들의 모습 속에서 나는 교육의 시간이 얼마나 길게 이어지는지 실감했다. 교육은 졸업과 함께 끝나는 것이 아니라, 어른이 된 이후에도 삶의 방향에 영향을 미치는 기억이라는 사실을.

이 모든 시간을 지나오며 나는 쉬운 길만을 선택해 온 것은 아니었다. 전교조 연기지회에서 활동하며 겪은 불이익과 설명되지 않는 배제의 시간은 나에게 원칙의 의미를 다시 묻게 했다.

그럼에도 물러서지 않았던 이유는 분명했다. 아이들 앞에서 했던 말과 어른의 자리에서 내리는 선택이 서로 어긋나지 않기를 바랐기 때문이다.

이 책은 잘해 온 이야기가 아니다.

성취의 기록이라기보다, 선택의 순간마다 무엇을 기준으로 판단해 왔는지를 기록한 질문의 역사다.

교실에서, 교육행정의 자리에서, 정책과 조직의 경계에서 나는 늘 같은 질문 앞에 섰다. 지금 이 선택은 아이들에게 어떤 세상을 보여주는가. 이 질문은 교사로서의 나를 지탱해 왔고, 지금 이 시점에서 나를 다시 책상 앞에 앉게 했다.

교육감이라는 자리는 목표가 아니라 결과여야 한다고 나는 믿는다. 교실에서 시작된 질문, 현장에서 쌓인 고민, 그리고 책임을 회피하지 않겠다는 다짐이 자연스럽게 이어진 결과 말이다.

이 책은 그 과정의 기록이다. 어떤 정답을 제시하지는 않지만, 적어도 어떤 기준으로 선택해 왔는지는 숨기지 않으려 했다.

교육은 언제나 느리고, 때로는 불완전하다. 그러나 누군가는 끝까지 그 자리를 지켜야 한다. 아이들이 자라 다시 학교를 떠올릴 때, 최소한 이런 어른도 있었다고 말할 수 있도록.

그래서 나는 오늘도 같은 자리에서 같은 약속을 반복한다. 흔들리고, 고민하고, 때로는 늦더라도 아이 편에 서겠다는 약속. 나는 오늘도 아이 편에 선다.

교육을 다시 묻기 시작하다

교육을 향한 긴 공부의 결실, 교육학 박사학위 취득

나는 오랫동안 '교육'이라는 말을 쉽게 꺼내지 못했다. 교육을 오래 이야기해 온 사람일수록, 그 단어가 얼마나 자주 비워지고 얼마나 손쉽게 소비되는지를 잘 알기 때문이다.

교육은 언제나 옳은 말처럼 사용되었고, 그만큼 진지하게 질문되지는 않았다. 교실에서, 행정의 자리에서, 그리고 현장을 떠난 이후에도 나는 교육을 떠난 적이 없었지만, 정작 교육을 다시 말하기까지는 오랜 시간이 필요했다.

이 장은 어떤 결론을 정리한 기록이 아니다. 오히려 질문의 시작에 가깝다. 내가 왜 다시 교육을 묻게 되었는지, 그 질문이 어디에서 비롯되었고 어떻게 정책의 언어로 이어지게 되었는지를 되짚는 이야기다.

이 질문은 단번에 생겨난 것이 아니라, 오랫동안 쌓여 온 경험과 불편함, 그리고 책임의 감각이 겹겹이 쌓여 만들어 낸 결과였다.

교사 초임 시절, 교정에서

연구소에서 시작된 질문

세종교육희망연구소를 만들겠다고 결심했을 때, 나는 이미 여러 번 교육을 떠났다가 다시 돌아온 사람처럼 느끼고 있었다. 교실을 떠나 행정의 자리에 있었고, 행정을 떠나 다시 현장을 바라보는 위치에 서 있었다.

그 과정에서 나는 교육을 너무 가까이에서도, 너무 멀리에서도 보아 왔다. 그래서 더 이상 어느 한 자리의 언어로는 교육을 설명할 수 없다는 생각에 이르렀다. 연구소는 그런 한계의 인식에서 출발했다.

기존의 조직 안에서 질문은 오래 머물지 못했다. 회의실에서는 늘 답을 요구받았고, 질문은 미완성의 상태로 남아 있을 여유를 얻지 못했다.

그러나 내가 느끼기에는 교육의 문제는 아직 충분히 질문조차 되지 않은 상태였다. 답을 찾기에는 질문이 너무 서둘러 닫히고 있었다.

그래서 나는 '연구소'라는 형식을 떠올렸다. 연구소는 답을 생산하는 곳이 아니라, 질문을 축적하는 공간이어야 한다고 생각했다.

교사의 체념, 학부모의 불안, 아이들의 침묵 같은 목소리들이 흩어지지 않고 한자리에 모일 수 있는 공간, 정책 이전의 언어와 행정 이전의 말들이 머물 수 있는 자리가 필요하다고 느꼈다.

연구소를 준비하는 과정은 생각보다 오래 걸렸다. 무엇을 연구할 것인가보다, 누구와 함께 질문할 것인가가 더 중요했기 때문이다.

나는 전문가 중심의 폐쇄적인 조직을 만들고 싶지 않았다. 대신 교사와 학부모, 시민이 같은 높이에서 교육을 이야기할 수 있는 구조를 고민했다. 교육은 특정 집단의 소유물이 아니라, 모두의 삶과 연결된 문제라고 믿었기 때문이다.

창립을 준비하며 만난 사람들 가운데에는 조심스러운 반응도 많았다. "이제 와서 연구소를 만든다고 무엇이 달라지겠느냐"라는 질문은 냉소라기보다 오랜 시간 누적된 무력감에 가까웠다.

나는 그 질문을 부정하지 않았다. 오히려 그 회의감 자체가 연구소가 필요한 이유라고 생각했다. 왜 교육을 다시 말하는 일이 이렇게 조심스러워졌는지, 왜 희망보다 피로가 먼저 떠오르는지부터 묻고 싶었다.

연구소 창립식 날의 풍경은 지금도 또렷하다. 크지 않은 공간에

모인 사람들의 얼굴에는 긴장과 기대가 함께 담겨 있었다. 누군가는 오래 참아 온 말을 꺼낼 준비를 하고 있었고, 누군가는 아직 말을 믿지 못하는 표정이었다.

나는 그 자리가 축하의 자리가 아니라 출발의 자리라고 느꼈다. 무엇인가를 선언하기보다, 무엇을 다시 묻기 시작하는 자리였다.

그날 나는 연구소의 역할을 분명히 했다. 이곳은 정책을 대신 결정하는 곳이 아니라, 정책이 출발해야 할 질문을 정리하는 곳이라고.

현장의 목소리를 모아 정제하고, 그 목소리가 정책의 언어로 번역될 수 있도록 돕는 통로가 되겠다고 말했다. 교육의 미래는 위에서 설계되는 것이 아니라, 현장에서 발견되어야 한다는 믿음에서 나온 말이었다.

연구소의 정관과 운영 방향을 논의하는 과정에서도 나는 계속해서 스스로를 경계했다. 이곳이 또 하나의 말 많은 조직이 되지는 않을지, 보고서만 남기고 현장과 멀어지지는 않을지.

그래서 연구소의 활동 원칙은 단순하게 정했다. 연구는 반드시 현장에서 출발할 것, 토론은 기록으로 남기되 정책 제안으로 이어질 것, 그리고 연구 결과는 다시 현장으로 돌아가 검증할 것.

이 과정에서 나는 다시 한번 확신하게 되었다. 교육의 문제는 지식의 부족이 아니라 질문의 부재에서 비롯된다는 사실을.

우리는 너무 오랫동안 '어떻게 더 잘 가르칠 것인가'만 물어 왔고, '왜 가르치는가', '무엇을 위해 가르치는가'라는 질문은 충분히 하지 않았다. 연구소는 그 질문을 다시 꺼내는 자리였다.

연구소에서 시작된 질문들은 점점 더 구체적인 형태를 띠기 시작했다. 학력 불안은 왜 반복되는가, 진로교육은 왜 형식에 머무르는가, 학교와 지역은 왜 단절되어 있는가.

이 질문들은 결국 하나의 공통된 지점으로 수렴했다. 교육이 아이들의 삶 전체를 충분히 바라보지 못하고 있다는 문제였다. 나는 이 질문들이 연구로만 남지 않기를 바랐다. 질문은 결국 선택으로 이어져야 하고, 선택은 책임으로 이어져야 한다고 믿었기 때문이다.

안전을 배우는 현장을 직접 보다

연구소는 나에게 교육을 다시 묻는 일이 더 이상 안전한 거리에서의 사유로 머물 수 없다는 사실을 분명히 깨닫게 한 전환점이었다.

왜 교육을 다시 말해야 했는가

교육을 다시 말해야 한다고 느낀 순간은 하나의 사건으로 특정할 수 없다. 그것은 오랜 시간에 걸쳐 쌓여 온 불편함의 총합에 가까웠다.

나는 교실에서, 행정의 자리에서, 그리고 현장을 한 발짝 떨어져 바라보는 위치에서 교육을 경험해 왔다. 그 모든 자리에서 공통적으로 느낀 감각은 교육이 점점 설명되기 어려운 상태로 흘러가고 있다는 것이었다.

겉으로 보기에 교육은 잘 작동하고 있는 것처럼 보였다. 제도는 정비되어 있었고, 정책은 꾸준히 발표되었으며, 성과를 보여 주는 지표도 존재했다.

그러나 그 안에서 아이들의 얼굴은 점점 굳어 가고 있었고, 교사들의 말은 점점 조심스러워지고 있었다. 학부모들의 질문은 늘어났지만, 그 질문에 대한 답은 점점 더 추상적으로 변해 갔다.

나는 그 간극이 어디에서 비롯되는지 오래 고민했다. 왜 교육은 늘 바쁘게 움직이는데, 정작 아이들의 삶과는 점점 멀어지는 것처럼 느껴질까. 왜 새로운 정책이 나올 때마다 현장의 피로는 줄어들지 않을까.

그 질문의 끝에서 나는 우리가 너무 오랫동안 교육을 '운영'해 왔고, 교육을 '이야기'하는 일을 소홀히 해 왔다는 사실에 이르렀다.

교육을 말한다는 것은 단순히 정책을 설명하는 일이 아니다. 그것은 교육이 무엇을 목표로 하고, 어떤 가치를 중심에 두고 있는지를 드러내는 일이다.

그러나 어느 순간부터 교육의 언어는 목표와 가치보다 관리와 성과를 중심으로 재편되어 있었다. 아이들은 수치로 환원되었고, 학교는 결과로 평가되었으며, 교사는 설명의 주체이기보다 보고의 주체가 되었다.

그래서 나는 교육을 다시 말해야 한다고 생각했다. 이미 충분히 말해졌기 때문이 아니라, 오히려 가장 중요한 말이 빠져 있었기 때문이다.

우리는 어떻게 더 잘 가르칠 것인가를 이야기해 왔지만, 왜 가르치는가에 대해서는 충분히 묻지 않았다. 어떤 아이를 길러내고 싶은지, 그 아이가 어떤 삶을 살기를 바라는지에 대한 질문은 늘 뒤로 밀려 있었다.

교육을 다시 말한다는 것은, 그 질문을 다시 중심에 놓는 일이라고 나는 믿었다.

첫 발령지 금호중학교 교훈석

비전은 어떻게 정책이 되는가

비전을 말하는 일은 생각보다 쉽다. 누구나 바람을 말할 수 있고, 이상적인 교육의 모습을 그릴 수 있다.

그러나 내가 가장 경계했던 것도 바로 그 지점이었다. 말로는 그럴듯하지만, 실제 선택의 순간에는 아무것도 결정해 주지 못하는 비전이었다.

그래서 연구소에서 비전을 논의할 때, 나는 늘 먼저 물었다. 이 비전은 실제 상황에서 어떤 선택을 하게 만드는가.

예산이 부족할 때, 갈등이 발생했을 때, 모두를 만족시킬 수 없는 순간이 왔을 때, 이 비전은 무엇을 우선하라고 말해 주는가. 비전은 장식이 아니라 기준이어야 한다고 생각했기 때문이다.

'함께 성장하는 미래를 여는 교육'이라는 비전은 그런 고민 끝에 나온 문장이었다. 이 문장은 듣기 좋은 말을 나열한 결과가 아니었다.

교육을 경쟁의 사다리가 아니라 성장의 과정으로 바라보겠다는 선언이었고, 개인의 성취만이 아니라 공동체의 성장을 함께 놓겠다는 선택이었다. 무엇보다 아이들을 결과로 평가하기보다 과정 속에서 성장하는 존재로 존중하겠다는 약속이었다.

그러나 비전은 문장으로 완성되지 않는다. 비전이 정책이 되기 위해서는, 그 문장이 현실의 언어로 번역되는 과정을 거쳐야 한다.

나는 그 번역 과정이 가장 어렵고 동시에 가장 중요한 작업이라고 느꼈다. 비전은 방향을 제시하지만, 정책은 구체적인 행동을 요구한다. 그래서 연구소의 논의는 자연스럽게 질문에서 설계로 이동하기 시작했다.

이 과정에서 나는 기존의 정책 논의 방식의 한계를 절실히 느꼈다. 많은 정책이 '무엇을 할 것인가'에 집중되어 있었지만, '왜 그것을 하는가'에 대한 설명은 충분하지 않았다.

정책은 늘 추가되었지만, 그 정책이 어떤 비전에서 출발했는지는 쉽게 잊혔다. 그래서 현장은 정책을 방향이 아니라 과제로 받아들이게 되었고, 그 결과 피로감만 쌓여 갔다.

비전을 정책으로 만드는 과정은 선택의 연속이었다. 모든 것을 다 할 수 없다는 전제에서, 무엇을 먼저 선택하고 무엇을 미뤄야 할지를 결정해야 했다.

나는 이 선택의 기준이 바로 비전이어야 한다고 생각했다. 비전이 정책의 출발점이자 검증 기준이 되어야 한다는 확신은 이 과정을 통해 더욱 분명해졌다.

현장에서 시작된 정책의 방향

나의 교육에 대한 생각은 언제나 현장에서 조금씩 바뀌어 왔다. 교실에서 아이들을 만나고, 복도에서 교사들과 마주치며, 학부모의 전화를 받고, 행정의 자리에서 수많은 보고서를 넘기며 형성된 생각이었다.

그래서 나는 정책을 이야기할 때마다 한 가지를 경계했다. 현장을 설명하지 못하는 정책, 현장의 언어로 번역되지 않는 정책은 오래가지 못한다는 사실이었다.

같은 정책이라도 학교마다, 교실마다 전혀 다른 얼굴로 나타났다. 그 차이를 무시한 채 정책을 밀어붙일수록, 현장은 점점 더 소극적으로 변해 갔다.

연구소 활동을 통해 다시 만난 현장은, 오히려 그 차이 속에 답이 있다는 사실을 보여 주었다. 중요한 것은 정책의 유무가 아니라, 현장이 그 정책을 자기 언어로 해석할 수 있는 여지를 갖고 있느냐는 점이었다.

이 경험은 나에게 분명한 확신으로 이어졌다. 정책은 위에서 시작되는 것이 아니라, 현장에서 형성되어야 한다는 것.

행정은 방향을 제시할 수 있지만, 그 방향을 실제 길로 만드는 것은 현장이라는 사실이었다. 그래서 정책의 역할은 길을 대신 걸어주는 것이 아니라, 길을 걸을 수 있도록 조건을 만드는 일이라고 나는 믿게 되었다.

교사로 첫 근무를 시작한 금호중학교(2017년 학교를 이전했다. 이전의 모습)

다시, 교육을 묻는 자리에서

연구소에서 시작된 질문은 어느 순간부터 나를 가만히 두지 않았다. 처음에는 사유의 형태로, 그다음에는 토론의 언어로, 그리고 점점 더 구체적인 선택의 문제로 다가왔다.

교육을 다시 묻는다는 것은 생각보다 불편한 일이었다. 이미 굳어져 있는 말들을 다시 꺼내야 했고, 당연하게 여겨졌던 전제를 의심해야 했다. 무엇보다 그 질문은 결국 나 자신에게로 되돌아왔다.

내가 교육을 다시 묻게 된 출발점은 거창한 이론이나 정책이 아니었다. 그것은 첫 발령지였던 금호중학교에서의 시간이었다.

아침 일찍 교문 앞에 서 있던 아이들의 모습, 수업이 끝난 뒤에도 집으로 돌아가지 못하던 아이들, 그리고 김밥을 나누어 먹던 장면은 교육이 시험 점수 이전에 아이의 하루를 바라보는 일이라는 사실을 내게 가르쳐 주었다.

그래서 나는 이 질문을 내려놓지 않기로 했다. 교육을 다시 묻는다는 것은 지금의 교육을 부정하겠다는 선언이 아니라, 지금의 교육을 책임지겠다는 태도라는 사실을 알게 되었기 때문이다.

이 장은 그 결심의 기록이다. 교육을 다시 묻는 일은 끝난 질문이 아니라, 이제 막 시작된 질문이다. 그리고 나는 그 질문을 피해 가지 않겠다고, 이 책의 첫 장에서 분명히 남겨 두고 싶었다.

일상 속 건강한 생활

교육은 말이 아니라 실천이다

교육을 설명하는 말은 언제나 앞서 있었다. 제도도 있었고, 정책도 있었으며, 방향을 제시하는 언어 역시 충분했다. 그러나 시간이 지날수록 나는 그 말들이 과연 아이들의 하루를 얼마나 바꾸고 있는지에 대해 확신하기 어려워졌다.

교육은 늘 옳은 말을 향해 나아가고 있었지만, 정작 아이들의 삶은 그 말과는 다른 방향으로 흘러가고 있는 것처럼 보였다. 그 간극을 인식하게 되면서, 나는 교육을 다시 바라보게 되었다.

말이 아니라 실천의 자리에서, 설명이 아니라 선택의 순간에서 교육을 확인해야 한다는 생각에 이르렀다. 이 장은 내가 그 실천의 자리에서 목격한 장면들과, 그 과정에서 분명해진 원칙에 대한 기록이다.

진로교육을 바라보는 사회의 시선

진로교육을 바라보는 사회의 시선은 생각보다 단순하다. 우리는 아이들의 가능성을 말하면서도, 동시에 그 가능성을 매우 좁은 기준으로 재단해 왔다.

진로는 개인의 선택이라고 말하지만, 실제로는 그 선택이 허용되는 범위가 이미 정해져 있었다. 아이들은 자유롭게 꿈꾸는 존재로 존중받기보다, 사회가 요구하는 경로 안에서 '합리적인 선택'을 하도록 요구받아 왔다.

이러한 시선은 학교와 가정, 그리고 수많은 비교의 언어를 통해 아이들에게 전달된다. 무엇을 좋아하는지보다 얼마나 잘하는지가 먼저 묻히고, 어떤 삶을 살고 싶은지보다 어떤 결과를 낼 수 있는지가 앞선다.

진로교육에 대한 사회적 관심이 커질수록, 아이들은 오히려 더 이른 시점에서 평가의 대상이 되어 왔다. 이렇게 형성된 사회의 시선은 결국 하나의 믿음으로 수렴한다. 진로는 성적을 통해 설명될 수 있다는 믿음이다.

나는 진로교육을 다시 묻기 시작하면서, 이 전제가 과연 아이들의 삶을 향하고 있는지 되묻게 되었다. 그래서 진로교육을 이야기할 때 가장 먼저 짚어야 할 문제는, 성적 중심의 진로 인식이라고 생각하게 되었다.

학교관리자(교감) 대상 진로교육 역량 강화 워크숍

성적 중심 진로에 대한 비판적 고찰

진로를 이야기할 때 우리는 너무도 자연스럽게 성적부터 떠올린다. 성적은 객관적인 지표처럼 보이고, 공정한 기준으로 받아들여진다.

그래서 진로 상담은 종종 “이 성적으로 가능한 선택지”를 정리하는 일로 시작된다. 이 과정에서 성적은 참고 자료가 아니라, 진로를 규정하는 중심 기준이 된다.

그러나 성적은 아이가 어떤 공부를 해 왔는지를 보여 줄 수는 있어도, 그 아이가 어떤 삶을 살아가고 싶은지를 말해 주지는 않는다. 그럼에도 우리는 성적을 통해 진로를 설명하고, 때로는 성적을 통해 진로를 정당화해 왔다.

이는 학교만의 문제가 아니라, 입시 결과로 학교를 평가하고 진학 실적으로 지역을 비교해 온 사회 전체의 오랜 관행이었다.

이 구조 속에서 아이들은 점점 자신을 하나의 점수로 바라보게 된다. “나는 무엇을 좋아하는가”보다 “나는 어느 정도인가”를 먼저 묻게 된다.

진로는 삶의 방향을 묻는 질문이 아니라, 현재 위치를 계산하는 작업이 된다. 이 계산 속에서 아이들의 질문은 줄어들고, 대신 안전한 선택지만 늘어난다.

학부모와 교사 역시 이 구조에서 자유롭지 않다. 학부모들은 다른 기준을 찾기 어려워 성적표를 중심으로 미래를 이야기하고, 교사들은 아이의 가능성을 알면서도 '현실적인 조언'이라는 이름으로 성적 중심의 설명을 반복하게 된다.

그 과정에서 아이들의 상상은 조용히 접히고, 많은 사람들은 말하지 않게 된다.

성적 중심의 진로 인식은 실패를 받아들이지 못하는 구조를 만든다. 성적이 곧 진로가 되는 순간, 성적의 하락은 곧 삶의 방향 상실로 해석된다.

시행착오는 학습의 과정이 아니라, 경로에서의 탈락으로 인식된다. 나는 이 지점에서 진로교육이 가장 크게 왜곡되고 있다고 느꼈다.

그래서 성적은 진로의 출발점이 아니라, 하나의 정보로 되돌려 놓아야 한다고 생각하게 되었다.

진로를 너무 이르게 결정하라는 압박

성적 중심의 진로 인식이 아이들의 시야를 좁힌다면, 진로를 너무 이르게 결정하라는 압박은 아이들의 시간을 빼앗는다.

중학생, 때로는 초등학생에게까지 "꿈이 뭐냐"라는 질문이 자연스럽게 던져진다. 이 질문은 존중처럼 보이지만, 실제로는 준비되지 않은 선택을 요구하는 말이 되곤 한다.

아이들은 곧 배운다. 솔직한 답보다 안전한 답이 필요하다는 것을, 아직 잘 모르겠다는 말보다 그럴듯한 직업명이 더 낫다는 것을. 이른 결정의 압박은 아이들의 상상력을 키우기보다, 관리 가능한 답변을 익히게 만든다.

이 압박은 학교만의 문제가 아니다. 가정과 사회에서도 "지금부터 준비하지 않으면 늦는다", "남들보다 앞서야 한다"라는 말이 반복된다.

그 결과 아이들은 질문이 무르익기도 전에 답부터 요구받는다. 선택은 빨라졌지만, 그 선택을 견딜 힘은 충분히 길러지지 않았다.

진로 상담 현장에서 만난 많은 아이들은 이미 선택을 끝낸 것처럼 말했지만, 그 선택은 종종 주변의 기대를 조합한 결과였다.

이른 결정은 실패를 더 크게 만든다. 방향을 바꾸는 일은 자연스러운 수정이 아니라, 실패로 해석된다. 나는 이 구조 속에서 진로교육의 본래 의미가 훼손되고 있다고 느꼈다.

대입전형 대비전략 설명회 인사말

아이에게 필요한 것은 선택이 아닌 탐색

현장에서 아이들을 만나며 가장 자주 들은 말은 "아직 잘 모르겠어요"였다. 그러나 그 말은 곧 수정되었다. 아이들은 망설임이 무능으로 보일까 두려워, 서둘러 다른 말을 덧붙였다.

나는 그 장면에서 늘 같은 질문을 떠올렸다. 왜 우리는 아이들이 모른다고 말할 시간을 이렇게 빨리 지나치게 만드는가.

진로를 모른다는 상태는 결핍이 아니라 과정이다. 탐색은 경험과 실패, 수정과 재도전이 반복되는 시간이다.

그러나 기존의 진로교육 구조에서는 이 시간이 충분히 보장되지 않았다. 진로는 빨리 정리해야 할 과제로 취급되었고, 탐색은 비효율로 여겨졌다.

체험 중심의 진로교육 현장에서 나는 탐색이 아이들을 어떻게 바꾸는지를 분명히 보았다. 아이들은 "무엇을 선택해야 하나" 대신 "왜 이런 일이 이루어지는가"를 묻기 시작했다.

진로는 선택의 문제가 아니라, 이해의 문제가 되었다. 탐색의 시간이 주어질 때, 진로는 하나의 점이 아니라 여러 갈래의 선으로 그려지기 시작했다.

그래서 나는 진로교육이 답을 주는 교육이 아니라, 질문을 지속할 수 있는 힘을 길러 주는 교육이어야 한다고 생각하게 되었다. "아직 알아가는 중이에요"라고 말할 수 있는 아이는 이미 자신의 삶을 주도적으로 바라보기 시작한 아이다.

운동선수 육성과 공교육의 책임

진로교육을 이야기하다 보면, 결국 피할 수 없이 마주하게 되는 질문이 있다. 우리는 과연 모든 아이를 같은 기준으로 보호하고 있는가 하는 질문이다.

공부를 중심으로 진로를 설계하는 아이들뿐 아니라, 운동이라는 길을 선택한 아이들 역시 공교육의 책임 안에 놓여 있는가에 대한 물음이기도 하다.

우리는 오랫동안 운동선수 육성을 특수한 영역으로 분리해 생각해 왔다. 성과와 기록의 세계, 전문적인 훈련의 영역으로 말이다.

그러나 그 분리는 종종 중요한 사실을 가려 왔다. 운동선수 역시 학교에 다니는 학생이며, 공교육의 보호와 책임에서 결코 예외가 될 수 없다는 점이다.

운동을 선택한 아이들의 진로는 언제나 '특별한 경우'로 다뤄져 왔다. 그 특별함은 때로는 집중적인 지원으로 이어졌지만, 때로는 방치로 귀결되기도 했다.

성과가 기대될 때는 관심의 중심에 서지만, 그렇지 않을 때는 교육의 중심에서 조용히 밀려나는 구조였다. 나는 이 지점에서 공교육의 책임이 가장 선명하게 드러난다고 느꼈다.

운동선수 육성은 단순한 체육 정책의 문제가 아니라, 공교육이 아이의 삶을 어디까지 책임질 것인가에 대한 질문이었기 때문이다.

이 질문을 더 이상 추상적인 수준에 머물게 둘 수는 없었다. 운동선수로 살아가는 아이들의 하루를 들여다볼수록, 공교육의 책임이 놓여 있는 경계는 분명해졌다.

엘리트 체육이라는 이름으로 요구되는 성과와, 학생으로서 누려야 할 학습권이 정면으로 충돌하는 순간들이 분명히 존재하고 있었다. 나는 이 충돌을 외면한 채로는 공교육의 책임을 말할 수 없다고 느꼈다.

그래서 이 문제를 가장 먼저, 그리고 가장 솔직하게 바라보아야 할 지점은 바로 여기에 있다고 생각했다. 엘리트 체육과 학습권이 충돌하는 자리에서, 공교육은 과연 어떤 선택을 하고 있는가.

전국 아마추어 복싱 선수권 대회를 관람하며

엘리트 체육과 학습권의 충돌

운동선수라는 이름으로 불리는 아이들을 처음 만났을 때, 나는 늘 비슷한 감정을 느꼈다. 존중과 불안이 동시에 밀려왔다.

아이들은 이미 또래보다 훨씬 많은 시간을 훈련에 쏟고 있었고, 성취에 대한 기대 역시 컸다. 그러나 그 기대의 이면에는 언제나 불확실한 미래가 함께 놓여 있었다.

부상, 성적 부진, 선발 탈락. 운동의 세계에서는 어느 것 하나 확실하다고 말할 수 없었다.

엘리트 체육은 성과를 전제로 움직인다. 기록과 순위, 선발 여부가 모든 것을 결정한다. 이 구조 속에서 학습은 종종 부차적인 요소로 밀려났다.

훈련 일정과 대회 준비가 우선이 되었고, 수업 참여는 가능한 범위 안에서 조정되는 문제가 되었다. 나는 이 장면 앞에서 늘 같은 질문을 하게 되었다. 이 아이들은 과연 학생으로서 보호받고 있는가 하는 질문이었다.

특히 세종의 경우, 체육중·고가 없는 구조 속에서 많은 학생들이 운동을 계속하기 위해 다른 지역으로 이동해야 했다.

이는 개인의 선택처럼 보이지만, 실제로는 교육 인프라의 한계가 만들어 낸 구조적 결과였다. 운동을 선택하는 순간, 아이들은 동시에 지역을 떠나야 했고, 학습과 생활의 연속성은 쉽게 끊어졌다.

나는 이 현실을 보며, 엘리트 체육이 아이들의 학습권과 충돌하는 지점이 얼마나 제도적으로 방치되어 있는지를 실감했다.

이 충돌은 단순히 시간 배분의 문제가 아니었다. 학습권은 아이가 운동을 그만두었을 때를 대비하는 최소한의 안전망이기도 했다.

그러나 많은 경우, 그 안전망은 충분히 마련되어 있지 않았다. 운동의 성과가 곧 진로가 되는 구조 속에서, 아이들은 오직 '지금'만을 살아야 했다.

현재의 성과가 미래를 보장하지 않는다는 사실을 알면서도, 그 불확실성에 대비할 여지는 거의 주어지지 않았다.

선수이기 이전에 학생이라는 원칙

이 지점에서 나는 한 가지 원칙을 분명히 세우게 되었다. 선수이기 이전에 학생이라는 원칙이다. 이 말은 너무도 당연하게 들리지만, 현실에서는 자주 무너지고 있었다.

운동선수라는 이름이 붙는 순간, 아이들은 예외적인 존재가 되었고, 그 예외성은 보호가 아니라 방치로 이어지는 경우가 많았다.

나는 운동을 선택한 아이들이 특별 대우를 받아야 한다고 생각하지 않는다. 다만 그 선택으로 인해 교육에서 배제되어서는 안 된다고 생각한다.

운동을 하더라도 배우고, 질문하고, 이후의 삶을 준비할 수 있어야 한다. 이 원칙은 엘리트 체육을 부정하기 위한 것이 아니라, 엘리트 체육이 지속 가능하기 위한 최소한의 조건이라고 느꼈다.

현장에서 만난 많은 운동선수 학생들은 자신이 '다른 길'을 가고 있다는 사실을 이미 알고 있었다. 그러나 그 다른 길이 어디로 이어지는지에 대해서는 충분히 설명받지 못한 경우가 많았다.

운동이 잘 풀리지 않았을 때, 혹은 그만두게 되었을 때 무엇을 할 수 있는지에 대한 이야기는 거의 없었다. 나는 이 침묵이 아이들에게 가장 큰 불안을 남긴다고 느꼈다.

그래서 체육 정책을 논의할 때마다, 나는 늘 운동 이후의 삶을 함께 놓고 보아야 한다고 주장해 왔다. 학습권은 운동을 병행하기 위한 부가 조건이 아니라, 아이의 삶 전체를 지탱하는 기반이기 때문이다.

선수이기 이전에 학생이라는 원칙은, 운동의 결과와 상관없이 아이의 존엄을 지키는 최소한의 기준이었다.

공교육이 지켜야 할 최소한의 약속

공교육이 지켜야 할 최소한의 약속은 분명하다. 어떤 선택을 하더라도 아이들이 교육에서 완전히 밀려나지 않도록 하는 것, 운동을 선택한 아이들이 학업과 진로를 함께 설계할 수 있도록 돕는 것이다.

후배들의 오케스트라 공연 모습

이는 특별한 배려가 아니라, 공교육이 본래 감당해야 할 책임의 영역이라고 나는 믿게 되었다.

운동선수 육성 문제는 종종 체육 정책이나 예산 문제로 축소되어 논의된다. 그러나 나는 이 문제가 본질적으로 진로 교육의 문제라고 생각했다.

운동이라는 선택이 하나의 진로라면, 그 진로 역시 탐색과 수정, 재설계의 과정을 거칠 수 있어야 한다. 공교육은 그 과정을 지원해야 한다.

세종에서 논의된 지역형 학교운동부 모델이나 상급학교 연계 방안은, 이러한 책임을 제도적으로 보완하려는 시도였다.

완전한 해답은 아니었지만, 최소한 "아이들을 지역 밖으로 내보내지 않아도 되는 구조"를 고민하기 시작했다는 점에서 의미가 있었다.

나는 이 시도가 단순한 체육 인프라 확충이 아니라, 공교육의 책임 범위를 다시 그리는 과정이라고 느꼈다.

공교육이 지켜야 할 약속은 화려하지 않다. 운동을 하든 공부를 하든, 아이가 자신을 하나의 가능성으로 인식할 수 있도록 돕는 것, 실패하더라도 다시 설계할 수 있는 시간을 주는 것, 그리고 어떤 선택도 아이를 고립시키지 않도록 하는 것이다.

이 약속이 지켜질 때, 엘리트 체육은 비로소 교육의 영역 안에 머물 수 있다.

이 대주제를 길게 다루는 이유도 여기에 있다. 운동선수 육성 문제는 특정 집단의 문제가 아니라, 공교육이 아이를 어떻게 대하는지를 가장 극단적으로 보여 주는 사례이기 때문이다.

나는 이 문제를 통해 교육의 책임이 어디까지여야 하는지를 다시 묻게 되었다. 그리고 이제 시선은 다시 학교로 돌아간다.

이러한 원칙과 고민이 실제 학교 안에서는 어떤 변화로 나타나기 시작했는지, 그리고 그 변화가 왜 쉽게 드러나지 않는지를 다음 대주제에서 이어서 이야기하려 한다.

밖에서 바라본 학교의 변화

학교의 변화는 언제나 조용하게 시작된다. 새로운 정책이 발표되거나 제도가 바뀌는 순간보다, 교실 안의 공기가 달라지는 순간이 먼저 찾아온다.

그러나 그 변화는 내부에 있을 때보다, 오히려 한 발 떨어져 있을 때 더 또렷하게 보였다. 학교 밖에서 학교를 바라보게 되면서, 나는 이전에는 쉽게 지나쳤던 장면들을 다시 보게 되었다.

겉으로 보기에 학교는 여전히 바빴다. 시간표는 촘촘했고, 행사는 끊이지 않았으며, 교사들은 늘 할 일이 많아 보였다.

그래서 변화가 없다고 느끼기 쉬웠다. 그러나 조금 더 천천히, 조금 더 가까이 들여다보면 학교는 분명히 다른 방식으로 움직이고 있었다.

아이들이 질문하는 방식이 달라졌고, 그 질문을 받아들이는 교사들의 태도 역시 달라지고 있었다.

예전의 진로교육은 정해진 시간에, 정해진 내용으로 진행되는 경우가 많았다. 아이들은 설명을 듣고, 간단한 체험을 한 뒤, 결과를 기록했다.

진로는 배움의 흐름 속에 있기보다, 일정표에 표시된 하나의 '행사'에 가까웠다. 그러나 어느 순간부터 진로는 수업과 분리된 활동이 아니라, 배움의 과정 속으로 스며들기 시작했다.

아이들은 "이건 시험에 나오나요"라는 질문 대신 "이건 어디에

쓰이나요"라는 질문을 던지기 시작했고, 교사들은 그 질문을 수업의 방해가 아니라 확장의 신호로 받아들이기 시작했다.

이 변화는 선언에서 시작된 것이 아니었다. 누군가 크게 방향을 틀자고 외친 결과도 아니었다. 오히려 아주 작은 실천들이 차곡차곡 쌓인 결과였다.

체험 이후 아이들과 충분히 대화하는 시간, 진로를 하나의 답으로 정리하지 않고 열어 두는 상담, 실패한 선택을 다시 이야기할 수 있도록 허용하는 분위기. 그런 장면들이 교실 안에서 조금씩 늘어나고 있었다. 변화는 그렇게, 소리 없이 시작되고 있었다.

한글을 주제로 한 예술교육 관람

겉으로 드러나지 않았던 학교의 변화

학교의 변화가 쉽게 보이지 않는 이유는, 그 변화가 곧바로 성과 지표로 환산되지 않기 때문이다.

아이들의 질문이 깊어졌다고 해서 성적표가 즉각 달라지는 것은 아니고, 진로에 대한 불안이 줄었다고 해서 곧바로 숫자로 증명되기도 어렵다. 그래서 학교의 변화는 종종 '없었던 일'처럼 취급되곤 한다.

그러나 학교 밖에서 학교를 바라보며, 나는 그 변화가 분명히 존재하고 있음을 느꼈다. 진로교육원에서 진행된 체험과 상담, 박람회와 교사 연수는 겉으로 보면 하나의 사업처럼 보일 수 있다.

하지만 그 안에서 내가 보고자 했던 것은 결과가 아니라 과정이었다. 아이들이 스스로를 설명하는 언어가 달라지고 있는지, 교사들이 진로를 혼자 떠안지 않아도 된다는 감각을 갖게 되었는지, 학부모들이 불안 대신 질문을 선택하고 있는지에 주목했다.

어떤 변화는 매우 사소해 보였다. 진로 상담 자리에서 아이가 "아직 모르겠어요"라고 말해도 괜찮아진 것, 교사가 그 말에 서두르지 않고 "그럼 더 알아보자"라고 답하는 장면.

그러나 나는 바로 그 장면에서 학교 변화의 핵심을 보았다. 아이가 아직 모를 수 있다는 사실을 인정하는 순간, 교육은 비로소 아이의 편에 서게 되기 때문이다.

교사들 사이에서도 미묘하지만 분명한 변화가 감지되었다. 진로교육이 '추가 업무'가 아니라, 수업과 생활지도의 연장선으로 인식되기 시작했다. 혼자서 모든 것을 책임져야 한다는 부담 대신, 함께 고민할 수 있다는 감각이 자리 잡기 시작했다.

이 변화는 단기간에 만들어진 것이 아니었고, 공식 문서에 선명하게 드러나지도 않았다. 그러나 나는 학교를 지탱하는 힘이 바로 이런 보이지 않는 변화에서 나온다고 믿게 되었다.

밖에서 바라본 학교는 여전히 완벽하지 않았다. 불안은 여전히 존재했고, 모든 교실이 같은 속도로 움직이지도 않았다.

그러나 분명한 것은, 학교가 더 이상 같은 질문에 같은 방식으로만 답하고 있지는 않다는 사실이었다. 아이들의 질문을 억누르기보다 받아들이려는 시도, 정답을 제시하기보다 과정을 함께 걸으려는 태도는 분명히 늘어나고 있었다.

이 소주제를 길게 쓰는 이유도 여기에 있다. 교육의 변화는 대개 실패처럼 보이는 순간에 시작되기 때문이다. 아직 결과는 없고, 확신도 부족한 시기. 그러나 바로 그 시기에 학교는 조용히 방향을 바꾸고 있었다. 말보다 실천으로, 선언보다 태도로.

학교 밖에서 확인한 변화들은 아직 완결된 성과라기보다, 방향이 바뀌고 있다는 징후에 가깝다. 이러한 변화들이 이후 어떤 한계와 저항, 그리고 제도적 충돌을 만나게 되는지는 더 깊은 검토를 필요로 한다.

학교의 변화는 언제나 질문에서 시작되지만, 그 질문을 끝까지 지켜 내는 일은 훨씬 더 어렵기 때문이다.

세종진로교육원 모습

교육행정의 문 앞에 서다

교실에서 교육은 언제나 사람의 얼굴을 하고 있었다. 아이의 질문 하나, 잠깐의 침묵, 말끝에 묻어나는 불안까지도 모두 저마다의 사정과 맥락을 품고 있었다.

교사는 그 맥락을 읽어 내는 사람이었고, 교육은 그 맥락을 존중하는 과정이라고 나는 믿어 왔다. 그래서 교육은 언제나 관계의 언어로 설명될 수 있다고 생각했다.

교육공동체 활동에 참여하며

그러나 교육행정이라는 문 앞에 섰을 때, 교육은 전혀 다른 언어로 나를 맞이했다. 그 언어는 사람보다 제도에,

관계보다 절차에 가까웠다.

질문은 곧바로 검토 대상이 되었고, 문제의식은 항목으로 분류되었다. 나는 그 문 앞에서 한동안 서성였다. 안으로 들어가야 한다는 사실은 분명했지만, 그 안에서 내가 사용해야 할 언어가 무엇인지 쉽게 알 수 없었기 때문이다.

인수위원회 과정에서 마주한 현실

2014년 세종특별자치시교육청 교육감직 인수위원회에 참여한 시간은, 내가 교육을 바라보는 방식이 근본적으로 흔들린 시기였다.

그동안 나는 행정을 교육을 '지원하는 영역' 정도로 이해해 왔다. 교실에서 일어나는 일들을 제도가 뒷받침해 주는 역할, 현장의 어려움을 덜어 주는 보조 장치 정도로 생각했던 것이다.

그러나 인수위원회는 행정이 단순한 지원이 아니라, 교육의 방향을 실제로 결정하는 자리라는 사실을 분명히 보여 주었다.

학교 방문과 간담회, 교육청 업무보고와 토론이 쉼 없이 이어졌다. "한 사람이라도 더 만나고, 최대한 많은 의견을 듣겠다"라는 원칙은 선언이 아니라 실제 운영의 기준이 되었다.

그러나 그 과정에서 나는 예상하지 못했던 장면들을 마주했다. 교실에서는 분명하게 느껴졌던 문제들—아이들의 진로 불안, 학부모의 돌봄 부담, 교사들의 행정 과중—이 회의 테이블 위에 오르는 순간, 전혀 다른 모습으로 정리되고 있었기 때문이다.

문제는 예산 항목이 되었고, 인력 배치 기준이 되었으며, 법령 해석의 문장으로 환원되었다. 교육이 사람의 이야기에서 관리의 대상으로 옮겨 가는 과정을, 나는 그 자리에서 처음으로 또렷하게 체감했다.

회의실에서는 '현장'이라는 단어가 끊임없이 호출되었지만, 아이러니하게도 현장을 이야기할수록 정책 문서 속의 현장은 점점 더 추상화되고 있었다. 학교의 일상은 수치로, 교사의 노동은 통계로, 아이들의 삶은 평균값으로 정리되었다.

동료들이 보내준 지지와 지원

나는 그 과정에서 스스로에게 묻게 되었다. 우리는 정말 현장을 이해하고 있는가, 아니면 이해했다고 믿고 있는가.

정책은 어떻게 만들어지는가

인수위원회에서 가장 크게 배운 것은, 정책이 결코 중립적인 기술이 아니라는 사실이었다. 정책은 언제나 선택의 결과였고, 그 선택에는 분명한 가치 판단이 담겨 있었다.

무엇을 유지할 것인가, 무엇을 바꿀 것인가, 그리고 무엇을 더 이상 하지 않을 것인지를 정하는 일은 곧 교육의 방향을 정하는 일이었다.

세종 교육의 현황을 종합적으로 살피는 과정에서, 기존 정책들의 성과와 한계가 동시에 드러났다. 교무업무전담팀 운영, 학급당 학생 수 감축, 방과후 거점학교, 공립 단설 유치원 개원 등은 분명 의미 있는 성과였다.

그러나 단층형 광역교육청 구조 속에서 학교의 자율성이 충분히 보장되지 못하고, 행정 부담이 다시 현장으로 전가되고 있다는 현실 또한 분명하게 확인되었다.

정책을 만드는 과정은 이상을 나열하는 일이 아니었다. 예산이라는 현실, 법과 제도의 한계, 조직 내부의 관성, 그리고 다양한 이해관계가 복잡하게 얽혀 있었다.

교실에서는 당연하다고 느꼈던 선택이, 행정의 자리에서는 수많은 조건을 충족해야만 가능한 결정이 되곤 했다. 나는 이 과정을 통해 정책이 만들어지는 진짜 순간은 문서가 완성될 때가 아니라, 우선순위를 정하는 순간이라는 사실을 깨닫게 되었다.

모든 것을 할 수 없다는 전제 위에서 무엇을 먼저 할 것인지 결정하는 순간, 그 지점에서 교육의 가치가 가장 선명하게 드러났다. 그리고 그 선택은 언제나 누군가의 하루를 바꾸는 결정이 되었다.

이상과 현실 사이에서 배운 행정의 언어

행정의 언어를 배우는 과정은 새로운 지식을 습득하는 일이라기보다, 번역에 가까웠다. 교실에서 통하던 언어를 그대로 가져가면 행정의 자리에서는 작동하지 않았다.

행정은 감정보다 지속 가능성을, 개별 사례보다 구조를 먼저 고려해야 했다. 그 원리를 이해하지 못한 것은 아니었다. 그러나 이해와 동의는 같지 않았다.

행정의 언어로 번역되는 과정에서, 사람의 맥락이 가장 먼저 지워진다는 사실이 점점 더 분명해졌기 때문이다. 아이 한 명의 절박한 사정은 '예외'로 분류되었고, 교사 한 명의 호소는 '특이 사례'로 정리되었다.

나는 그 지점에서 깊은 불편함을 느꼈다. 교육의 본질이 가장 쉽게 빠져나가는 순간처럼 느껴졌기 때문이다.

스마트교육을 둘러싼 논의는 이 간극을 가장 선명하게 드러냈다. 기술 발전이라는 흐름 속에서 스마트기기 활용은 거의 필연처럼 여겨졌다. 그러나 논의가 깊어질수록 나는 점점 불안해졌다.

왜 사용하는가에 대한 질문보다, 무엇을 도입할 것인가에 초점이 옮겨 가고 있었기 때문이다. "이 정도는 해야 뒤처지지 않는다"라는 말은 현실적이었지만, 동시에 교육의 질문을 비켜 가고 있었다.

결국 인수위원회는 속도를 늦추는 선택을 했다. 도입 자체보다 교육적 효과를 먼저 검증하고, 교사의 준비도와 학생의 학습 경험을 기준으로 판단하자는 방향이었다.

즉각적인 성과를 보여 주지는 못했지만, 나는 이 선택이 행정의 언어 속에서도 기준을 지킨 결정이라고 느꼈다. 이 과정에서 나는 행정에서 가장 위험한 순간은 유행이 기준을 대신할 때라는 사실을 배웠다.

설득이 필요하다는 사실

행정에서는 옳음만으로는 충분하지 않았다. 아무리 방향이 옳아도, 그것이 이해되고 받아들여지지 않으면 정책은 실행되지 않는다.

그래서 행정에는 설득이 필요했다. 명령이 아니라 설명으로, 속도가 아니라 공감으로 접근해야 했다.

현장 의견 수렴 방식을 둘러싼 논의가 그랬다. 서면 설문과 보고서로 충분하다는 의견도 있었지만, 나는 직접 만나야 한다고 주장했다.

의견을 수집하는 것과 관계를 만드는 것은 다르다고 느꼈기 때문이다. 결국 시간을 택했고, 학교를 찾아 형식 없는 간담회를 열었다.

그 자리에서 나온 이야기들은 정제되어 있지 않았고, 때로는 감정이 섞여 있었으며 문서로 옮기기에도 거칠었다. 그러나 나는 그 거친 언어 속에서 정책 문서에서는 결코 드러나지 않는 맥락을 보았다.

세종교육감직 인수위원회 백서 표지

교사들이 무엇을 가장 두려워하는지, 학부모들이 왜 같은 질문을 반복하는지, 아이들의 하루가 어떤 조건 위에 놓여 있는지를 그제야 입체적으로 이해할 수 있었다.

제도 안으로 들어가며 더 분명해진 질문

교육행정의 언어를 실감하게 된 경험은 인수위원회에만 국한되지 않았다. 교원 임용고사 출제위원으로 참여했던 경험은, 나를 제도의 안쪽으로 한 발 더 들여보내는 계기가 되었다.

그전까지 나는 제도를 주로 밖에서 바라보는 위치에 있었다. 그러나 출제위원으로서 제도의 내부에 들어가자, 교육은 또 다른 얼굴을 하고 있었다.

회의실에서 가장 자주 오간 말은 "공정성"이었다. 문제 하나, 보기 하나를 두고도 긴 논의가 이어졌다. 특정 집단에 유리하지 않은지, 해석의 여지를 남기지는 않는지.

나는 그 과정에서 공정성이 얼마나 많은 삶을 동시에 고려해야 하는 가치인지 처음으로 체감했다.

문제를 만든다는 것은 단순히 지식을 묻는 일이 아니었다. 그것은 어떤 교사를 길러낼 것인가를 결정하는 일이었다. 출제 기준 하나가 교실의 풍경을 바꿀 수 있다는 사실은 내게 큰 충격으로 다가왔다. 동시에, 제도의 한계도 분명히 보였다.

시험은 교실에서 필요한 모든 역량을 담아낼 수 없었다. 관계를 읽는 힘, 갈등을 조정하는 태도는 여전히 제도의 바깥에 있었다.

이 경험은 이후 행정을 바라보는 내 시선을 더욱 조심스럽게 만들었다. 제도는 단순한 규칙의 집합이 아니라, 사람을 선발하고 배치하며 삶의 경로를 결정하는 장치라는 사실을 분명히 인식하게 되었기 때문이다.

그때부터 나는 정책을 이야기할 때마다 늘 같은 질문을 함께 떠올리게 되었다. 이 결정은 결국 어떤 교사를 교실로 보내게 되는가라는 질문이었다.

문 안으로 들어서며 세운 기준

교육행정의 문 앞에 섰을 때, 나는 교실에서 시작된 질문을 제도의 언어 속에 끝까지 남기고 싶다는 기준을 세우게 되었다. 행정의 성과를 말하고 싶어서가 아니라, 행정의 태도를 지키고 싶었기 때문이다.

질문을 제거할수록 행정은 효율적이게 되지만, 질문을 남길수록 교육은 교육다워진다는 사실을 나는 점점 더 분명히 깨닫고 있었다.

이 기준은 이후 더 무거운 선택의 자리 앞에서도 쉽게 물러서지 않게 만든 힘이 되었다. 교실의 언어와 행정의 언어 사이, 그 경계에 서 있었던 경험은 내가 단정하지 않도록, 서두르지 않도록 만드는 중요한 기준으로 남았다.

후배들의 졸업을 축하하는 마음으로 함께한 졸업식

정책은 현장에 닿아야 한다

정책은 언제나 좋은 말로 시작된다. 방향을 설명하는 언어도, 문제를 진단하는 문장도 충분하다. 그러나 좋은 말이 곧 좋은 정책이 되는 것은 아니다.

정책은 문서로 완성되지 않는다. 아이와 마주칠 때, 교실의 공기 속에 스며들 때, 비로소 시험대에 오른다.

교육행정의 세계에 들어선 이후, 내가 가장 경계하게 된 것은 '충분히 설명했다'는 안도감이었다. 설명은 되었지만 변화는 없고, 보고서는 완성되었지만 아이의 하루는 달라지지 않는 경우를 나는 수없이 보아 왔다.

그래서 정책을 논의할 때마다 스스로에게 묻게 되었다. 이 정책은 정말 아이의 하루를 바꾸는가. 아니면 행정의 책임을 정리하는 데서 끝나는가. 이 질문은 이후 내가 정책을 바라보는 가장 중요한 기준이 되었다.

아이의 안전에서 시작된 질문

정책의 출발점은 언제나 거창할 필요가 없다고 나는 믿게 되었다. 오히려 가장 작고 구체적인 질문이 가장 큰 변화를 만들어 낸다.

유치원 간호사 배치 정책 역시 그런 질문에서 시작되었다. “유아의 하루를 가장 불안하게 만드는 지점은 무엇인가.”

이 질문은 곧 학습이 아니라 안전으로 이어졌다. 유아는 자신의 상태를 정확히 설명하기 어렵다. 작은 발열이나 복통, 미세한 호흡 이상 하나가 곧바로 사고나 불안으로 이어질 수 있다.

그러나 오랫동안 유치원 현장은 '문제가 생기면 대응하는 구조'에 머물러 있었다. 교사는 교육과 돌봄을 동시에 감당해야 했고, 응급 상황이 발생하면 그 책임은 고스란히 현장에 전가되었다.

학부모 역시 아이를 맡기며 늘 마음 한편에 불안을 안고 하루를 시작했다. 이 불안은 수치로 드러나지 않았고, 통계로도 잘 잡히지 않았다.

그러나 분명히 존재했다. 나는 이 지점에서 정책이 놓치고 있던 것이 무엇인지 분명히 느꼈다. 교육정책은 학습의 질만이 아니라, 아이를 안심하고 맡길 수 있는 조건까지 책임져야 한다는 사실이었다.

유치원에 간호사가 필요했던 이유

유치원 간호사 배치 정책은 단순한 인력 확충이 아니었다. 그것은 교육과 돌봄, 안전을 하나의 흐름으로 다시 엮는 정책적 선택이었다.

세종시는 전국에서 유일하게 관내 모든 공립 단설 유치원에 간호사를 배치하는 결정을 내렸다. 효율의 논리로만 보면 결코 쉬운 결정이 아니었다.

간호사 배치는 곧바로 성과 지표로 환산되기 어려웠다. 사고가 줄어들었다는 수치는 시간이 지나야 나타나고, 무엇보다 사고가 발생하지 않았다는 사실은 기록으로 남기기 어렵다. 정책 평가의 언어로 보자면, '증명하기 어려운 정책'에 가까웠다.

그럼에도 이 정책을 추진한 이유는 분명했다. 교육정책은 숫자로 증명되기 전에, 안심이라는 감각으로 먼저 증명되어야 한다고 믿었기 때문이다.

현장의 반응은 그 믿음을 확인시켜 주었다. 학부모들은 "아이를 맡기는 마음이 달라졌다"라고 말했다. 이 말은 어떤 정책 보고서보다 명확한 평가였다. 교사들은 응급 상황에 대한 불안을 덜 수 있었고, 아이들은 말로 설명하지 못했지만 더 안정된 하루를 보내고 있었다.

이 경험을 통해 나는 다시 한번 확신하게 되었다. 정책은 현장에서 체감될 때 비로소 정책이 된다. 학부모의 한마디 안도보다 더 분명한 평가 지표는 없다.

유치원 간호사 배치 정책은 거창한 혁신의 이름을 달고 있지 않다. 그러나 이 사례는 이후 내가 모든 정책을 판단할 때 기준으로 삼게 된 원칙을 분명히 보여 주었다.

교육정책은 효율보다 신뢰를 먼저 세워야 하고, 관리보다 보호를 우선해야 하며, 설명보다 체감을 남겨야 한다는 원칙이다.

라이브레드: 아침과 함께하는 도서관

정책을 고민하다 보면, 가장 늦게 보이는 것이 가장 기본적인 문제일 때가 많다. 아이들이 무엇을 배우는지, 어떤 교육과정을 경험하는지에 대해서는 끊임없이 논의하면서도, 그 아이들이 어떤 상태로 학교 문을 통과하는지는 쉽게 놓치곤 한다.

라이브레드라는 정책은 바로 그 지점에서 시작되었다. "아침을 먹지 못하고 오는 아이들이 생각보다 많다."

이 말은 통계가 아니라 현장의 이야기로 처음 들려왔다. 읍·면 지역의 중학교를 찾았을 때, 교사들은 조심스럽게 그 이야기를 꺼냈다.

집에서 학교까지 걸어서 몇 분도 걸리지 않지만, 부모가 새벽부터 일을 나가야 하는 가정의 아이들은 아침을 챙겨 먹기 어려웠다. 아이들은 배가 고픈 채로 교실에 들어왔고, 첫 수업 시간에 고개를 떨구거나 스마트폰에 시선을 묻은 채 시간을 버텼다.

그 장면은 내게 낯설지 않았다. 그러나 그동안 나는 그것을 '가정의 문제'나 '복지의 영역'으로 분리해 생각해 왔던 것 같다.

교육정책을 논의하면서도, 아이의 공복 상태가 학습과 정서에 어떤 영향을 미치는지에 대해서는 깊이 고민하지 않았다. 라이브레드는 그 무심함을 정면으로 마주하게 한 정책이었다.

라이브레드는 도서관(library)과 빵(bread)을 결합한 이름이다. 아침 일찍 등교해 책을 읽는 학생들에게 간편식을 제공하는 프로그램이다.

처음 이 아이디어를 들었을 때, 누군가는 "교육청이 밥까지 챙겨야 하느냐"라고 물었다. 그 질문은 정책을 둘러싼 오래된 경계를 드러내고 있었다. 어디까지가 교육의 책임인가, 어디부터가 가정의 몫인가라는 질문이었다.

그러나 현장은 이미 답을 알고 있었다. 아침을 거르고 오는 학생 비율이 30%에 가까운 학교도 있었고, 이 아이들은 단순히 배가 고픈 상태를 넘어 정서적 불안과 집중력 저하를 겪고 있었다.

아침 식사 여부에 따라 학업 성취도에도 차이가 난다는 분석 결과는, 이 문제가 결코 사소하지 않다는 사실을 보여 주었다.

라이브레드는 그래서 '급식'이 아니라 '환경'을 바꾸는 정책으로 설계되었다. 아이들이 일찍 등교해 책을 읽고, 빵과 음료를 먹으며 하루를 시작하는 공간. 스마트폰 대신 책을 펼칠 수 있는 시간과 장소를 마련하는 것이 핵심이었다.

교사들은 "아이들이 학교에 와서 엎드려 있지 않게 됐다"라고 말했고, 독서 습관 형성에도 도움이 된다는 반응이 이어졌다.

이 정책의 중요한 특징은 낙인을 만들지 않았다는 점이었다. 결식아동을 따로 구분하지 않고, 독서 프로그램에 참여하는 학생 모두에게 자연스럽게 제공되는 구조였다.

아이들은 '지원받는 대상'이 아니라 '참여하는 구성원'으로 그 공간에 있었다. 나는 이 점이 라이브레드를 단순한 복지 정책이 아니라 교육정책으로 만든 핵심이라고 느꼈다.

처음에는 읍·면 지역 6개 중학교에서 시범 운영되었다. 이후 효과와 현장의 반응을 바탕으로 점차 확대되었고, 재정 지원을 통해 동 지역까지 넓어졌다.

사업비 증액 소식보다 내게 더 오래 남은 것은, “아이를 아침에 학교에 보내는 마음이 달라졌다”라는 학부모의 말이었다.

정책의 성과를 묻는 자리에서 나는 종종 이런 생각을 했다. 이 정책이 몇 점의 성적 향상을 가져왔는지를 묻는 질문은 가능하다.

그러나 그보다 먼저 물어야 할 것은, 아이가 하루를 어떤 상태로 시작하게 되었는가라는 질문이다. 라이브레드는 그 질문에 가장 정직하게 답한 정책이었다.

유치원 간호사 배치 정책이 ‘안전’이라는 조건을 교육의 출발선으로 끌어올렸다면, 라이브레드는 ‘아침’이라는 시간을 교육의 책임 안으로 가져왔다.

배가 고프지 않은 상태, 불안하지 않은 마음, 조용히 책을 펼칠 수 있는 여유. 이 모든 것은 학습 이전의 조건이자, 교육이 아이에게 줄 수 있는 가장 기본적인 보호였다.

나는 이 정책을 통해 다시 한번 확신하게 되었다. 정책은 거창한 구호로 현장을 바꾸지 않는다. 정책은 아이의 하루를 조금 덜 불안하게 만들 때 비로소 역할을 한다.

이 과정에서 나는 정책 평가의 본질에 대해 다시 생각하게 되었다. 정책은 숫자로만 평가될 수 없지만, 숫자를 완전히 배제해서도 안 된다. 문제는 숫자 자체가 아니라, 숫자가 유일한 언어가 될 때 발생한다는 사실이었다.

혁신학교 평가를 둘러싼 논쟁은 결국 나에게 하나의 교훈을 남겼다. 교육정책은 좋은 의도만으로 유지되지 않는다는 사실이다.

사회적 신뢰를 얻기 위해서는 성과를 설명할 수 있는 언어와 자료, 그리고 질문을 회피하지 않는 태도가 필요하다. 이 경험 이후로 나는 어떤 정책을 마주하더라도 같은 질문을 던지게 되었다.

이 정책은 무엇을 바꾸려 하는가. 그 변화는 어떻게 증명될 것인가. 그리고 그 과정에서 불안해하는 사람들에게 우리는 충분히 설명하고 있는가.

혁신학교를 둘러싼 논쟁은 여전히 진행 중이다. 그러나 분명한 것은, 그 논쟁이 교육을 다시 묻게 만들었다는 사실이다. 그리고 그 질문을 끝까지 책임지는 태도야말로, 정책이 현장에 닿게 만드는 가장 중요한 조건이라는 것을 나는 이 과정을 통해 배웠다.

배정은 절차였지만, 결과는 삶이었다

정책이 현장에 닿는다는 것은, 계획한 대로 실행된다는 의미에만 머물지 않는다. 정책은 언제든 틀릴 수 있고, 그 틀림은 곧바로 아이들의 삶을 흔들 수 있다.

고입 배정 오류 사태는 내가 세워 온 기준을 가장 아프게 확인시켜 준 사건이었다. 시스템의 오류는 즉시 아이들의 하루를 뒤흔들었고, 배정 결과는 한 줄의 행정 문서였지만 그 한 줄은 아이의 진로와 가족의 계획, 학교를 향한 신뢰가 되었다.

법과 원칙만 놓고 보면 판단은 명확해 보였다. 그러나 나는 그 원칙 앞에서 다시 질문해야 했다. 이 결정이 행정적으로 옳은가가 아니라, 교육적으로 책임 있는가를.

학급을 증설하고 교원을 추가 배치하고 일정을 다시 조정하는 선택은 효율적이지 않았다. 여러 절차가 다시 움직여야 했고, 행정의 입장에서는 부담이 커질 수밖에 없었다. 그럼에도 그 선택은 단 하나의 기준에서 나왔다. 아이들이 시작부터 상처받지 않게 해야 한다는 기준이었다.

이 사건을 수습하는 과정에서 나는 분명히 깨달았다. 정책은 틀리지 않을 권리를 주장하는 일이 아니라, 틀렸을 때 책임을 감당하는 일이라는 사실을.

정책은 절차로 시작되지만, 끝은 언제나 사람의 삶으로 돌아온다. 그리고 그 삶을 지키려는 태도가 없으면, 어떤 설명도 신뢰를 대신할 수 없다.

그 일을 지나며 나는 하나의 기준을 더 확고히 하게 되었다. 정책은 숫자로 평가되기 전에, 사람의 하루를 견디게 만들어야 한다는 기준이다. 그 하루가 무너지지 않을 때 교육은 비로소 신뢰를 얻는다. 그리고 그 신뢰 위에서만 학교는 다음의 질문으로 나아갈 수 있다.

고입전형 사태와 관련해 민원 처리 과정을 설명하는 중

숫자가 아닌 사람을 기준으로 한 정책

정책을 설계하는 자리에서 가장 자주 마주치는 유혹은 숫자였다. 숫자는 분명하고 비교하기 쉽고 설명하기에도 편리하다.

행정의 세계에서 숫자는 거의 만능의 언어처럼 작동했다. 몇 명이 혜택을 받았는지, 예산이 얼마나 투입되었는지, 성과 지표가 어떻게 변했는지를 묻는 질문은 언제나 가장 먼저 던져졌다.

그러나 교육정책을 다루며 나는 점점 더 분명하게 느끼게 되었다. 숫자가 또렷해질수록, 사람의 하루는 종종 흐려진다는 사실을.

유치원 간호사 배치와 라이브레드 정책을 통해 나는 하나의 기준을 세우게 되었다. 정책은 효과를 증명하기 전에, 먼저 사람의 하루를 보호하고 있는지를 물어야 한다는 기준이었다.

아이가 아침을 어떤 상태로 시작하는지, 하루를 얼마나 안전하게 보내는지, 그 기본 조건이 마련되지 않은 상태에서 교육의 성과를 논하는 것은 공허하다고 느꼈다.

이 기준은 자연스럽게 나를 학교의 다른 공간으로 이끌었다. 교실 밖에서, 그러나 학교를 지탱하고 있는 사람들의 자리로 시선이 옮겨 갔다.

학교급식실을 들여다보며 나는 또 하나의 질문 앞에 서게 되었다. 아이들의 점심을 책임지는 공간에서, 그 음식을 매일 만들어 내는 사람들의 몸은 과연 안전한가 하는 질문이었다.

급식의 질과 위생, 식재료와 영양에 대한 논의는 끊임없이 이어졌다. 그러나 그 급식을 만들어 내는 조리종사원의 건강은 오랫동안 정책의 중심에서 비켜나 있었다.

높은 온도, 무거운 식자재, 반복되는 동작, 시간에 쫓기는 노동. 많은 조리종사원들이 근골격계 질환을 겪고 있었지만, 그 문제는 개인의 건강 문제로 취급되는 경우가 많았다.

현장에서 만난 조리종사원들은 "아프지 않으면 버틸 수 있다"라는 말을 자연스럽게 했다. 그 말은 책임감의 표현이었지만, 동시에 구조가 요구하는 침묵의 언어처럼 들렸다.

한 사람이 빠지면 곧바로 업무 공백이 생기고, 그 부담은 다시 남아 있는 사람들에게 전가되는 구조 속에서 아픔은 말할 수 없는 것이 되어 있었다. 나는 이 구조가 교육의 지속 가능성을 위협하고 있다고 느꼈다.

급식의 안정성은 결국 사람의 몸 위에 세워져 있었고, 그 몸이 무너지면 학교의 일상 역시 흔들릴 수밖에 없었다.

그래서 나는 급식 정책을 다시 바라보게 되었다. 급식의 질을 유지하려면, 조리종사원의 건강이 전제되어야 한다는 단순한 사실. 이것은 복지의 문제가 아니라 교육의 지속 가능성 문제였다.

정책은 식단의 균형만이 아니라, 그 식단을 만들어 내는 노동의 조건까지 책임져야 했다. 숫자로 계산되지 않는 영역이지만, 그렇기 때문에 더 중요하다고 나는 느꼈다.

비슷한 문제의식은 교무행정사 업무를 들여다보는 과정에서도 반복되었다. 교무행정사는 교사의 행정 부담을 줄이기 위해 도입된 제도였지만, 시간이 지나며 역할은 점점 확장되고 있었다.

현장에서 만난 교무행정사들은 공통된 말을 했다. 무엇이 자신의 업무인지 명확하지 않다는 말이었다. 학교마다, 관리자마다, 상황마다 요구되는 일이 달랐고, 본래 취지였던 '업무 경감'은 어느새 '업무 전가'로 오해받기도 했다.

업무가 불명확하면 책임도 불분명해진다. 교무행정사는 교사도 행정직도 아닌 경계에 서 있었고, 그 경계는 보호가 아니라 방치로 작동하는 경우가 많았다.

나는 이 지점에서 정책이 현장에 내려오는 방식의 문제를 다시 보게 되었다. 제도는 만들어졌지만, 그 제도를 살아가는 사람의 하루까지 충분히 상상하지 못한 채 설계된 정책이었다.

그래서 나는 교무행정사 정책을 효율의 문제가 아니라 사람의 업무를 다시 설계하는 문제로 바라보게 되었다. 어떤 일을 맡길 것인가보다, 그 일이 한 사람의 하루를 어떻게 구성하는지를 먼저 물어야 했다.

업무의 합리화는 일을 더 많이 처리하게 만드는 장치가 아니라, 사람이 버틸 수 있는 구조를 만드는 일이 되어야 했다.

급식실 조리종사원과 교무행정사의 문제는 서로 다른 영역처럼 보였지만, 내게는 같은 질문으로 다가왔다. 이 정책은 누구의 몸 위에서 작동하고 있는가. 그리고 그 몸은 지속 가능한가.

숫자는 정책의 결과를 보여 줄 수 있지만, 정책의 조건을 말해 주지는 않는다. 하루에 몇 끼를 제공했는지, 행정 업무가 얼마나 줄었는지를 계산하기 전에, 그 일을 수행하는 사람이 무사한지를 물어야 했다. 나는 이 질문이 빠진 정책은 오래갈 수 없다고 믿게 되었다.

그래서 나는 점점 더 의도적으로 사람을 기준에 놓으려 애썼다. 아이의 하루가 안전한가, 교사의 에너지가 고갈되지 않는가, 조리종사원의 몸이 무너지지 않는가, 교무행정사가 혼자 감당하고 있지는 않은가.

이 질문들은 보고서에 쉽게 담기지 않지만, 학교를 실제로 지탱하는 질문들이었다.

이 기준은 그렇게 하나의 다짐으로 자리 잡았다. 숫자와 효율의 언어를 거부하겠다는 선언이 아니라, 그 언어에만 기대지 않겠다는 선택에 가까웠다.

교육정책은 아이를 위해 존재하지만, 아이를 지키는 일은 결국 학교라는 공동체 전체가 함께 감당해야 하는 책임이기 때문이다.

아이의 안전, 교사의 지속성, 조리종사원의 건강, 교무행정사의 하루가 함께 지켜질 때 교육은 비로소 제도로서 지속될 수 있다.

나는 이 시기를 지나며 하나의 확신에 이르렀다. 정책은 숫자로 평가되기 전에, 사람의 하루를 견디게 만들어야 한다.

그 하루가 무너지지 않을 때 교육은 비로소 신뢰를 얻는다. 그리고 이 기준은 이후 내가 조직과 권력, 그리고 침묵의 문제를 마주하게 되었을 때도 쉽게 흔들리지 않게 해 준 출발점이 되었다.

흔들리는 교육 앞에서

나는 언제부터 침묵이 문제라고 느꼈는가

나는 한동안 '조직'이라는 단어를 긍정적으로 믿었다. 조직은 개인의 한계를 넘어 공공의 목적을 실현하는 장치이며, 적어도 교육의 영역에서는 그래야 한다고 생각했다. 교육행정에 몸담았던 이유도 그 믿음과 무관하지 않았다.

아이들을 직접 가르치지 않더라도 제도를 통해 교육을 지탱하는 일이라면 충분히 의미가 있다고 여겼다. 정책을 설계하고, 현장을 지원하고, 시스템을 통해 교육의 지속 가능성을 마련하는 일은 교실과는 다른 방식의 책임이라고 믿었다.

그러나 시간이 흐르며 나는 조금씩 다른 얼굴의 조직을 보게 되었다. 그것은 노골적인 부패나 극적인 사건으로 다가오지 않았다.

오히려 아주 조용하게, 눈에 띄지 않게, 그리고 누구도 책임지지 않는 방식으로 다가왔다.

나중에야 알게 되었지만, 그때 내가 마주하고 있던 것은 단순한 '실수'가 아니라 '침묵의 구조'였다. 말하지 않는 방식으로 유지되는 질서, 문제를 문제로 만들지 않는 기술, 그리고 결국 아무도 책임지지 않는 관성 같은 것들이었다.

정책은 문서로 완성되지 않는다. 회의실에서 아무리 정교하게 설계된 정책이라도 현장에서 받아들여지지 않으면 의미를 잃는다. 그리고 정책이 현장에 닿지 못할 때, 그 징후는 대개 미묘하게 나타난다.

처음에는 설명하기 어려운 불신이다. 현장에서 만난 사람들의 말투가 달라지고, 회의에서는 고개를 끄덕이지만 실행은 더뎌진다. 그다음에는 체념이 찾아온다. "원래 그런 거다", "해도 바뀌지 않는다"라는 말이 공공연해진다.

나는 그 과정을 교육행정의 내부에서 지켜보고 있었다. 그리고 그 체념이 가장 먼저 자라나는 곳이, 아이러니하게도 '공정'과 '원칙'을 다루어야 할 조직의 심장부라는 사실을 조금씩 체감하기 시작했다.

2015년을 전후로, 조직 안에서는 특정한 이야기들이 돌기 시작했다. 공식적인 문제 제기라기보다는 조심스러운 질문에 가까웠다.

전문직(장학사) 선발 과정, 특히 장학사 선발을 둘러싼 공정성 문제였다. 같은 질문이 반복되기 시작했다. 출제에 관여한 인물이 시험에 응시했다는 이야기, 문제 유형이 지나치게 특정 응시자에게 유리했다는 의문, 시험 이후의 인사 흐름이 너무 자연스럽다는 지적. 이 말들은 어느 한 사람의 불만이 아니었다.

서로 다른 위치에 있던 사람들이 비슷한 의문을 품고 있었고, 그 의문은 시간이 갈수록 '풍문'이 아니라 '조용히 공유되는 상식'에 가까운 것이 되어 갔다.

내가 가장 무겁게 느낀 것은, 이 문제가 외부에서 제기된 공격이 아니라 내부에서도 이미 '알려진 이야기'처럼 취급되고 있었다는 점이었다.

공식적으로 문제를 제기하는 사람은 없었지만, 동시에 누구도 이 이야기를 전혀 모른 척하지도 않았다. 마치 모두가 같은 선을 넘지 않기 위해 조심하고 있는 듯한 분위기였다.

나는 그때 처음으로 스스로에게 질문했다. '이건 정말 아무 일도

아닌가, 아니면 아무도 말하지 않는 일인가.'

시간이 지나며 그 질문은 더 분명해졌다. 내부 협의 과정에서 오간 이야기들, 그리고 나중에 접하게 된 기록들은 내 불안을 확신으로 바꾸어 놓았다.

선발 과정에서 부적절한 개입 시도가 있었고, 그것이 문제였다는 인식이 내부에도 존재했다는 사실. "지금 이 문제를 건드리면 조직이 흔들린다.", "이미 시간이 지났다.", "정치적으로 이용될 수 있다." 나는 그 말들이 얼마나 현실적인지 잘 알고 있었다.

조직은 언제나 안정이라는 이름의 선택을 한다. 문제를 드러내는 것보다 관리하는 것이, 진실을 밝히는 것보다 덮는 것이 당장은 편하다. 그러나 나는 그때 또 다른 질문 앞에 서 있었다. 교육이라는 영역에서도, 그 선택은 정당한가.

교육은 아이들에게 공정과 책임을 가르친다. 경쟁의 결과보다 과정이 중요하다고 말한다. 그런데 어른들의 조직이 그 기준을 스스로 유보한다면, 아이들에게 가르친 말은 무엇이 되는가.

나는 그 질문을 피할 수 없었다. 그리고 바로 그 지점에서, 나는 조직보다 기준을 먼저 떠올리기 시작했다. 돌이켜 보면 그 시기는 내가 교육행정을 바라보는 시선이 바뀌기 시작한 출발점이었다.

이전까지 나는 제도가 잘 설계되면 조직은 따라올 것이라고 믿었다. 그러나 그 믿음은 너무 순진했다. 제도보다 먼저 작동하는 것은 태도였고, 태도보다 더 강력한 것은 침묵이었다.

나는 그때 어떤 결단을 당장 내린 것은 아니었다. 다만 분명해진 것이 하나 있었다. 아무 말도 하지 않는 선택 역시 하나의 선택이라는 사실, 그리고 그 선택은 결코 중립적이지 않다는 사실이었다.

조직 안에서 본 공정의 붕괴

- 문제는 개인이 아니라 구조였다

돌이켜 보면 그 시기 나는 두 개의 시선을 동시에 갖고 있었다. 하나는 행정가로서의 시선이었다. 절차와 규정을 중심에 두고, 공식적으로 확인된 것만을 판단 기준으로 삼으려는 태도였다.

다른 하나는 교육의 책임을 고민하는 사람으로서의 시선이었다. 아이들에게 가르치는 말과 어른들이 실제로 선택하는 행동 사이의 간극을 외면할 수 없다는 감각이었다. 이 두 시선은 점점 나를 다른 방향으로 끌어당기기 시작했다.

전문직(장학사) 선발 논란은 어느 순간부터 '사건'이 아니라 '풍경'처럼 느껴졌다. 특정 회의나 한두 사람의 일탈이 아니라, 조직이 문제를 다루는 방식 자체가 반복되고 있다는 느낌이었다.

공정성에 대한 질문은 있었지만, 그 질문이 공식적인 문제 제기로 이어지는 경우는 거의 없었다. 문제는 늘 애매한 상태로 남아 있었고, 그 애매함이 오히려 조직을 편안하게 만들고 있었다.

나는 그 구조를 가까이서 보았다. 문제 제기가 나오면 가장 먼저 등장하는 것은 사실 확인이 아니라 수위 조절이었다. "이 정도면 굳이 크게 할 필요는 없다.", "의도까지 나쁜 건 아니다.", "개인의 실수로 정리할 수 있다." 이런 말들은 문제의 본질을 흐리기에 충분했다.

공정성이라는 기준은 조금씩 뒤로 밀려났고, 대신 조직의 안정이라는 말이 앞에 놓였다.

특히 인사와 관련된 문제에서 그 경향은 더 분명하게 드러났다. 인사는 행정조직의 민낯이다. 어떤 기준을 중시하는지, 무엇을 용인하고 무엇을 경계하는지가 가장 적나라하게 드러나는 영역이기 때문이다.

특정 선발 과정 이후 이어진 인사 흐름을 보며, 나는 설명되지 않는 일관성을 느꼈다. 우연이라고 보기에는 반복적이었고, 능력만으로 설명하기에는 지나치게 매끄러웠다. 그러나 그 매끄러움이 바로 문제였다.

조직은 갈등을 싫어한다. 특히 외부로 드러날 수 있는 갈등을 가장 두려워한다. 그래서 문제를 드러내기보다 내부에서 흡수하려 한다.

그 과정에서 '조용한 정리'라는 말이 자주 등장한다. 하지만 조용함은 해결이 아니라 연기일 뿐이다. 불씨는 꺼진 것처럼 보이지만, 내부에서는 계속 타오른다. 이 사안을 둘러싼 내부 협의 과정에서, 나는 책임이 어떻게 축소되는지를 분명히 보았다.

문제의 범위는 점점 좁아졌고, 구조의 문제는 개인의 판단으로 환원되었다. "이 사람만 정리하면 된다"라는 식의 접근은 조직 전체를 보호하는 것처럼 보였지만, 실제로는 같은 문제를 반복할 조건을 남기는 선택이었다.

그때 나는 '비리'라는 단어를 다르게 이해하게 되었다. 비리는 반드시 불법적인 행위나 명확한 금전 거래의 형태로만 존재하지 않는다.

기준이 흐려지고, 예외가 반복되고, 그 예외가 설명되지 않을 때 이미 비리는 구조 안으로 들어온다. 그리고 그 구조는 특정 개인이 아니라 조직 전체의 선택으로 유지된다.

내가 더 괴로웠던 것은 이 모든 과정이 너무도 조용하게 진행되었다는 점이었다. 공개적인 반대도, 치열한 논쟁도 없었다.

다들 문제를 인식하면서도 동시에 그 문제를 입 밖에 내지 않으려는 암묵적인 합의가 형성되어 있었다. 그 침묵은 강요된 것이라기보다 학습된 것이었다. "말해도 달라지지 않는다"라는 경험이 쌓인 결과였다.

그 무렵 나는 과거의 경험을 자주 떠올리게 되었다. 전교조 연기지회에서 활동하던 시절, 나는 조직이 질문을 어떻게 대하는지를 이미 한 차례 경험한 적이 있었다.

학교 현장의 문제를 이야기하고 제도의 한계를 지적하며 교사와 학생의 권리를 함께 말하는 일은 언제나 불편함을 동반했다. 그러나 그 불편함은 갈등의 시작이 아니라 변화의 출발점이어야 한다고 믿었다.

하지만 현실은 달랐다. 질문하는 사람은 종종 '불편한 사람'이 되었고, 그 불편함은 조용한 방식으로 되돌아왔다. 설명되지 않는 배제, 이유를 알 수 없는 기회 상실, 그리고 말없이 전달되는 신호들.

공식적인 불이익은 없었기에 항의하기도 어려웠다. 다만 당사자는 분명히 알 수 있었다. 어디까지 말해도 되는지에 대한 보이지 않는 선이 존재한다는 사실을.

교육행정으로 자리를 옮긴 뒤에도 그 경험은 반복되는 듯 보였다. 질문은 환영받지 못했고, 문제 제기는 “타이밍이 맞지 않는다”라는 이유로 미뤄졌다.

그 미룸이 쌓여 어느 순간부터는 기준이 되었다. 문제를 제기하지 않는 것이 능력처럼 평가되는 분위기 속에서, 나는 점점 더 고립감을 느끼기 시작했다.

그렇다고 해서 내가 즉각적으로 공개적인 문제 제기를 한 것은 아니었다. 나 역시 조직의 논리를 알고 있었고, 그 안에서 움직여야 하는 현실을 외면하지 않았다.

그러나 마음속에서는 분명한 변화가 일어나고 있었다. 이전에는 ‘조직이 알아서 정리하겠지’라고 믿었던 문제를 더 이상 그렇게 넘길 수 없게 된 것이다.

나는 스스로에게 여러 번 물었다. 이 문제를 끝까지 밀어붙였을 때, 내가 감당해야 할 것은 무엇인가. 관계의 단절일 수도 있고, 경력의 손실일 수도 있으며, 더 이상 조직 안에서 환영받지 못하는 사람이 되는 것일 수도 있었다.

반대로 침묵을 선택한다면, 당장은 편안할 수 있었다. 적어도 눈에 띄는 갈등은 피할 수 있었을 것이다.

그러나 또 하나의 질문이 나를 놓아주지 않았다. 아이들 앞에서 나는 무엇을 가르쳐 왔는가. 교육은 말과 삶이 어긋나는 순간 가장 빠르게 무너진다.

공정과 책임을 가르치면서, 어른의 세계에서는 그 기준을 미루는 모습을 보여 준다면 교육은 설득력을 잃는다. 나는 그 사실을 너무 오래 외면해 왔는지도 모른다는 생각이 들었다.

이 시기, 나의 기준은 조금씩 분명해졌다. 실수를 인정하는 조직은 다시 신뢰를 회복할 수 있다. 그러나 실수를 덮는 조직은 반드시 더 큰 문제를 맞이하게 된다. 그리고 그 문제의 대가는 언제나 가장 약한 곳, 즉 현장과 아이들에게 돌아간다.

그래서 나는 마음속으로 선을 긋기 시작했다. 인사와 관련된 문제, 특히 공정성을 훼손하는 문제에 대해서는 더 이상 '모르겠다'는 태도로 남지 않겠다고.

당시 나는 전문직(장학사) 시험에 응시하라는 제안을 받았다.

전문직(장학사) 시험 준비가 며칠 만에 될 수 있는 일이 아니라는 것을 나는 잘 알고 있었다. 그래서 준비가 되어 있지 않다는 이유로 처음에는 응시를 고사했다.

그러나 그들은 포기하지 않았다. 자신들이 어떤 방식으로 전문직(장학사) 시험에 개입하려 하는지까지 구체적으로 설명하며 응시를 권유했다.

또 나 말고도 혁신계열에서 또 다른 응시자가 있으니 지나치게 걱정하지 않아도 된다는 말로 나를 안심시키려 했다. 그들은 지금도 여전히 관리자 직위에 있다.

나는 그 요구를 끝내 받아들이지 않았다. 그 과정이 공정하지 않다고 느꼈기 때문이다. 그것은 내가 기대하던 조직의 모습이 아니었고, 내가 믿어온 원칙과도 맞지 않았다. 그 선택 이후 마음의 괴로움은 컸다.

그리고 나에게 돌아온 것은 강요된 침묵이었다. 말을 한 사람에게 무엇이 돌아오는지, 조직 안에서 침묵이 어떻게 만들어지는지 나는 그때 다시 한번 몸으로 배우고 있었다.

말하는 사람에게 돌아오는 것들

- 침묵의 보상, 발언의 대가

나는 오랫동안 '말하는 것'과 '행동하는 것'을 분리해서 생각해 왔다. 행정 조직에서 말은 때로 불필요한 파장을 만들고, 행동은 절차라는 이름으로 정리된다고 믿었다.

그래서 가능하면 말보다 행동으로, 공개적인 발언보다 내부적인 조율로 문제를 풀려고 했다. 그것이 성숙한 태도라고 스스로를 설득해 왔다.

그러나 어느 순간부터 그 태도가 나를 보호하기보다 나를 비켜 세우고 있다는 느낌을 받기 시작했다. 문제를 인식하고 있으면서도 말하지 않는 것, 기준이 흔들리고 있음을 알면서도 공식적인 문제로 만들지 않는 것.

그 선택은 중립이 아니었다. 그것은 분명히 현 상태를 유지하는

쪽의 선택이었다.

내가 침묵을 유지하던 시기에도 조직은 계속해서 신호를 보냈다. 말하는 사람과 말하지 않는 사람 사이에는 보이지 않는 경계가 존재했다.

그 경계는 공식적인 규정이나 지침으로 존재하지 않았다. 대신 경험으로 학습되었다. 어느 회의에서 어떤 말을 했는지, 어떤 문제를 지적했는지, 그리고 그 이후 어떤 일이 벌어졌는지를 통해서.

전교조 연기지회에서 활동하던 시절의 기억은 그 경계를 이해하는 데 큰 역할을 했다. 활동 이후 나는 설명되지 않는 배제와 인사상 불이익을 경험했다.

공식적인 징계가 없었기에 문제를 제기하기도 어려웠다. 다만 분명히 알 수 있었던 것은, 이전과 같은 위치에 있지 않다는 직감이었다. 기회는 줄어들었고, 결정의 중심에서는 조금씩 멀어졌다. 그 변화는 조용했지만 지속적이었다.

교육행정에 몸담은 이후에도 비슷한 패턴은 반복되었다. 공정성 문제를 조심스럽게 언급했을 때 돌아오는 반응은 대체로 비슷했다.

"지금은 그럴 때가 아니다.", "조금 더 지켜보자.", "괜히 일을 키울 필요가 있겠느냐." 겉으로는 합리적으로 들리지만, 그 말들이 반복될수록 문제는 해결되지 않은 채 다음 시기로 미뤄졌다.

나는 점점 더 분명하게 깨닫게 되었다. 조직은 침묵하는 사람에게는 안전을 제공하지만, 말하는 사람에게는 책임을 요구하지 않는 대신 불편함을 돌려준다는 사실을.

그 불편함은 대개 애매한 형태로 나타났다. 배제는 공식적이지 않았고, 불이익은 설명되지 않았다. 그래서 더 힘들었다. 명확한 적이 없으니 싸울 대상도 없었다.

이 시기 나는 여러 번 스스로에게 질문했다. 지금 내가 겪는 감정은 과민한 반응인가, 아니면 분명한 신호인가. 혹시 내가 너무 많은 의미를 부여하고 있는 것은 아닐까.

그러나 비슷한 경험을 한 사람들의 이야기를 들으며, 나는 이것이 개인의 예민함이 아니라 구조의 문제라는 확신을 갖게 되었다.

조직은 말하지 않는 사람에게는 관대했다. 기준을 흐리는 결정 앞에서도 고개를 끄덕이는 사람은 '협조적인 사람'으로 분류되었다.

반면 질문을 던지는 사람은 '관리하기 어려운 사람'이 되었다. 그 평가는 공식 기록으로 남지 않았지만, 인사와 역할 배분 과정에서 은근하게 반영되었다.

나는 그 구조 속에서 선택의 기로에 서 있었다. 더 이상 말하지 않고 조직이 정한 흐름에 나를 맞출 것인가. 아니면 불이익을 감수하더라도 기준을 분명히 할 것인가. 이 선택은 단순히 직업적 판단의 문제가 아니었다. 나의 삶 전체와 연결된 문제였다.

그때 떠오른 것은 언제나 아이들이었다. 교실에서 아이들에게 했던 말들, 공정함이 왜 중요한지, 책임을 지는 태도가 무엇인지 설명하던 순간들. 만약 내가 지금 침묵을 선택한다면, 그 말들은 나 스스로에게 가장 먼저 무너질 것이 분명했다.

나는 더 이상 '아무 말도 하지 않는 것'을 중립이라고 부를 수 없었다. 그것은 분명한 선택이었고, 그 선택의 결과는 이미 충분히 목격하고 있었다.

그래서 나는 조금씩 태도를 바꾸기 시작했다. 모든 것을 공개적으로 문제 삼지는 않았지만, 적어도 기준을 흐리는 선택 앞에서는 분명한 입장을 남기려고 했다. 그 과정에서 관계는 더 멀어졌고, 나는 점점 더 외로운 위치에 서게 되었다.

그러나 이상하게도 마음은 이전보다 덜 흔들렸다. 이 시기에 나는 하나의 사실을 분명히 알게 되었다. 원칙은 지켜서 칭찬받는 것이 아니라, 지켜서 불이익을 감수하게 될 때 비로소 원칙이 된다는 사실이다.

말하지 않는 것이 편안한 선택이라면, 말하는 것은 언제나 위험한 선택이다. 그러나 교육의 영역에서 위험을 감수하지 않는 책임은 존재할 수 없다고 나는 믿게 되었다.

말하는 사람에게 돌아오는 것들은 결코 가볍지 않았다. 관계의 단절, 기회의 축소, 지속적인 고립감. 그러나 그 대가를 감수하면서도 나는 한 가지를 얻었다.

적어도 나 자신의 선택을 설명할 수 있는 기준이었다. 그 기준은 이후 더 큰 책임을 고민하게 되는 출발점이 되었다.

그럼에도 책임을 피해갈 수 없었던 이유

- 나는 왜 뒤로 물러서지 않았는가

어느 순간부터 나는 더 이상 "이건 내 일이 아니다"라고 말할 수 없게 되었다. 조직 안에서 벌어지는 일들을 지켜보며, 나는 스스로에게 수없이 그런 말을 건네려 했다.

내가 모든 문제를 해결할 수는 없고, 모든 잘못에 책임을 질 수도 없다는 사실을 모르는 것은 아니었다. 그러나 동시에, 어떤 문제는 외면하는 순간부터 이미 나의 문제가 된다는 사실도 알고 있었다.

공정성의 기준이 무너지는 과정을 지켜보며, 나는 점점 더 불편한 위치에 서게 되었다. 문제를 제기하지 않는 사람들에게는 아무 일도 일어나지 않았다.

반면 기준을 이야기하는 사람은 늘 설명해야 했고, 때로는 의도를 의심받았다. 왜 굳이 그런 말을 하느냐는 질문은, 사실상 왜 굳이 불편한 사람이 되느냐는 뜻이었다. 그 질문은 나를 여러 번 흔들었다.

나는 언제든 뒤로 한 걸음 물러설 수 있었다. 침묵을 선택하면 당장의 갈등은 피할 수 있었다. 조직은 여전히 돌아갈 것이고, 나 역시 큰 파도 없이 시간을 보낼 수 있었을 것이다.

그러나 그 선택은 언제나 같은 결론으로 이어졌다. 그렇게 물러서는 순간, 나는 더 이상 나 자신을 설명할 수 없게 된다는 사실이었다.

나는 이미 알고 있었다. 기준이 무너진 조직에서 가장 먼저 상처받는 것은 약한 위치에 있는 사람들이다. 설명할 권한이 없는 현장, 질문할 힘이 없는 아이들, 제도의 보호를 기대하는 교사들.

공정하지 않은 인사는 단순히 몇 사람의 경력에 영향을 미치는 문제가 아니다. 그것은 조직 전체에 '기준은 상황에 따라 달라질 수 있다'라는 메시지를 남긴다. 그 메시지는 결국 교육의 가장 깊은 곳까지 스며든다.

이 장을 쓰게 된 결정적인 계기는 책임이 계속해서 개인의 문제로 축소되는 과정을 지켜보면서였다.

구조의 문제는 말해지지 않았고, 조직은 늘 "정리됐다"라고 말했지만, 누구도 그 정리가 무엇을 의미하는지 설명하지 않았다. 책임지는 사람은 없었고 기준은 복원되지 않았다. 그 침묵은 시간이 지날수록 더 무거워졌다.

나는 그 무게를 개인의 양심으로만 감당할 수는 없다고 느끼기 시작했다. 이제 문제는 '말할 것인가 말 것인가'의 문제가 아니라, '책임을 어디까지 짊어질 것인가'의 문제로 바뀌어 있었다. 나 혼자만의 불편함으로 끝낼 수 없는 지점에 도달해 있었다.

그 무렵 나는 스스로에게 묻게 되었다. 만약 지금 이 선택을 피한다면, 나는 앞으로 어떤 어른으로 남게 될 것인가. 아이들 앞에서, 그리고 나 자신 앞에서.

교육은 결국 어른의 태도를 통해 전달된다. 교과서에 적힌 말보다, 제도보다, 아이들이 더 오래 기억하는 것은 어른들이 실제로 어떤 선택을 했는가이다.

그래서 나는 책임의 자리를 피하지 않기로 했다. 그것이 특정한 직책이나 지위를 의미하는 것은 아니었다. 오히려 그 반대였다. 더 많은 질문을 받게 되고, 더 많은 설명을 요구받게 되며, 더 많은 오해를 감수해야 하는 자리였다.

그럼에도 누군가는 그 질문들 앞에 서야 한다고 느꼈다.

이 선택은 결코 영웅적인 결단이 아니었다. 나는 용감해서가 아니라 더 이상 도망칠 수 없어서 그 길을 택했다. 침묵이 나를 보호해 줄 수는 있었지만, 그 보호는 나를 점점 비워 가고 있었다.

기준을 지키지 못한 채 남는 자리는 결국 아무 의미도 없는 자리라는 사실을 나는 알고 있었다.

조직은 흔들릴 수 있다. 실수도 할 수 있다. 그러나 원칙까지 흔들려서는 안 된다. 원칙이 무너진 자리에 남는 것은 냉소와 불신뿐이다.

그리고 그 불신은 가장 약한 곳으로 흘러간다. 나는 조직을 선택하지 않았다. 대신 기준을 선택했다. 그 선택은 나를 편하게 만들지 않았고 앞으로의 길을 더 험하게 만들었다.

그러나 적어도 아이들 앞에서, 그리고 나 자신 앞에서, 그 선택을 설명할 수 있다는 사실만은 지금도 나를 지탱해 준다.

돌이켜 보면, 이 글은 과거의 기록이면서 동시에 다짐이다. 앞으로도 나는 완벽하지 않을 것이다. 또다시 흔들릴 것이고 실수할지도 모른다.

그러나 적어도 침묵이 가장 안전한 선택처럼 보이는 순간마다, 나는 이 시간을 떠올리려 한다. 아무 말도 하지 않는 것이 결코 중립이 아니었다는 사실을. 공정을 말했던 어른으로 남기 위해, 침묵보다 책임을 선택했던 한 사람의 기록으로.

이러한 선택이 가능했던 이유는, 교사이면서 동시에 제도 바깥에서 시민의 언어로 교육을 고민해 온 시간 덕분이었다.

전교조 활동 이후 겪었던 불이익의 경험은 이후 어떤 조직에 있더라도 원칙을 쉽게 내려놓지 않게 만든 내면의 기준이 되었다.

학교는 변할 수 있는가

학교는 쉽게 변하지 않는다. 나는 오랫동안 그 사실을 교실에서, 그리고 행정의 자리에서 동시에 확인해 왔다. 교육을 바꾸겠다는 말은 언제나 많았지만, 학교의 구조는 늘 같은 자리에 머물러 있었다.

시간표는 반복되었고, 학과는 유지되었으며, 변화는 늘 '검토 중'이라는 말 뒤에 남겨졌다. 그래서 어느 순간부터 나는 묻게 되었다. 학교는 정말 변할 수 있는가, 아니면 변하지 않도록 설계된 조직인가.

이 장은 학교를 바꾸겠다는 선언의 기록이 아니다. 오히려 학교를 다시 설계해야 했던 순간들, 그 과정에서 내가 마주했던 선택과 충돌의 기록에 가깝다. 변화는 늘 필요하다고 말하지만, 실제 변화는 언제나 누군가의 삶을 건드릴 때 시작된다.

그리고 그 지점에서 학교는 생각보다 정교하게 자신을 보호한다. 나는 그 보호의 구조를 여러 차례 마주했고, 그 구조가 더 이상 유지될 수 없다는 사실 또한 여러 번 확인했다.

더는 유지할 수 없던 구조

학교는 오래 버틴다. 그것은 장점이기도 하고, 동시에 가장 큰 한계이기도 하다. 사회가 바뀌어도 학교는 쉽게 변하지 않는다.

오히려 사회의 변화가 빠를수록, 학교는 기존의 구조에 더 강하게 매달리는 경향을 보인다. 나는 직업계고를 바라보며 그 사실을 여러 차례 확인했다.

문제는 아이들이 아니었다. 아이들은 이미 달라진 세상 속에서 살고 있었고, 그 변화의 속도를 몸으로 느끼고 있었다. 문제는 학교의 구조였다.

학과는 오래전에 만들어진 상태로 유지되고 있었고, 그 학과가 준비시키는 직업 세계는 이미 크게 달라져 있었다. 산업 구조는 바뀌었지만, 학교의 시간표와 학과 체계는 그 변화를 충분히 반영하지 못하고 있었다.

직업계고의 학과 개편 논의를 진행하면서, 나는 그 간극을 더욱 선명하게 보게 되었다. 학교 안에서는 "지금도 잘 돌아가고 있다"라는 말이 반복되었지만, 학교 밖에서는 그 '잘 돌아감'이 더 이상 의미를 갖지 못하고 있었다.

졸업 이후의 진로가 점점 불안정해지고, 학생들이 배운 전공과 실제 노동 시장 사이의 거리는 점점 벌어지고 있었다. 그런데도 구조는 쉽게 흔들리지 않았다.

학과는 교육과정이기 이전에 교사의 전공과 직결된 문제였다. 전공이 사라진다는 것은 곧 교사 개인의 정체성과 생계, 생활의 문제로 이어졌다. 다른 과목을 다시 배워야 한다는 부담, 다른 학교로 이동해야 할 가능성, 출퇴근 거리의 변화는 모두 현실적인 두려움이었다.

나는 그 두려움이 충분히 이해되었다. 그래서 학과 개편 논의는 늘 같은 지점에서 멈추곤 했다. “필요한 건 알지만, 지금은 어렵다.”, “조금 더 지켜보자.”, “굳이 지금 바꿀 필요가 있느냐.” 이 말들은 변화에 대한 거부라기보다, 현재를 유지하려는 조직의 본능에 가까웠다.

나는 이 과정을 지켜보며 하나의 사실을 분명히 깨닫게 되었다. 학교가 변하지 않는 이유는 변화의 필요성을 모르기 때문이 아니라, 변화의 비용이 너무 분명하게 보이기 때문이라는 사실이었다.

구조를 유지하는 비용은 분산되어 보이지만, 구조를 바꾸는 비용은 특정 개인과 집단에게 매우 구체적으로 다가왔다. 그래서 학교는 변화보다 유지를 선택해 왔다. 그 선택은 당장의 안정성을 지켜주었지만, 동시에 미래의 가능성을 조금씩 잠식하고 있었다.

문제는 이 구조가 더 이상 ‘버틸 수 있는 상태’가 아니라는 점이었다. 산업 환경은 이미 학교보다 훨씬 빠르게 움직이고 있었고, 학생들은 그 변화의 최전선에 서 있었다.

학교가 과거의 구조를 유지할수록 학생들은 학교 밖에서 스스로

길을 찾아야 했다. 학교 안에서는 배울 수 없는 것을 학교 밖에서 보충해야 하는 상황이 점점 늘어났다.

나는 이 지점에서 학교의 존재 이유를 다시 묻게 되었다. 학교는 누구를 위해 존재하는가. 그리고 그 구조는 지금도 학생을 향하고 있는가.

이 질문 앞에서, 더 이상 '조금씩 고치는 방식'으로는 충분하지 않다는 결론에 이르렀다. 학과 하나를 조정하고 과목 몇 개를 추가하는 정도로는 방향을 바꿀 수 없었다.

학교의 정체성 자체를 다시 설계하지 않으면 변화는 언제나 주변부에 머물 수밖에 없었다. 그래서 나는 점점 더 분명히 느끼게 되었다. 이 구조는 더는 유지될 수 없다는 사실을. 그것은 단호한 결론이 아니라 무거운 책임으로 다가왔다.

구조를 바꾼다는 것은 누군가의 익숙함을 흔드는 일이었고, 갈등을 피할 수 없는 선택이었다. 그러나 그 갈등을 피하기 위해 구조를 유지하는 것이 결국 학생들에게 더 큰 부담을 지우는 선택이라는 사실 또한 분명해지고 있었다.

학과 개편이라는 결정

학과를 바꾼다는 결정은 언제나 교육의 영역을 넘어선다. 그것은 교육과정의 문제가 아니라 사람의 삶과 직결된 문제이기 때문이다. 교과서 한 권을 바꾸는 일과는 비교할 수 없을 만큼 많은 것을 흔든다.

학과는 교사의 전공이고, 전공은 한 사람의 경력이며, 경력은 곧 생활의 기반이 된다. 그래서 학과 개편은 언제나 '필요하다'는 말보다 '두렵다'는 감정이 먼저 앞서는 결정이었다.

직업계고의 학과 개편 논의를 본격적으로 시작했을 때, 나는 그 두려움을 누구보다 잘 알고 있었다. 교사들과의 간담회에서 나온 말들은 대부분 비슷한 결을 가지고 있었다.

"시대가 바뀌었다는 건 안다.", "아이들을 위해 필요하다는 것도 이해한다." 그러나 그다음에 이어지는 말은 늘 같았다. "그런데 우리가 그 변화를 감당할 수 있을까."

그 질문은 개인의 이기심에서 나온 것이 아니었다. 새로운 학과로 전환되면 교사는 다시 공부해야 했다. 익숙했던 과목을 내려놓고 낯선 교육과정을 준비해야 했다. 경우에 따라서는 다른 학교로 이동해야 할 수도 있었다. 출퇴근 거리와 생활 리듬, 가족의 삶까지 함께 흔들릴 수 있었다. 나는 그 현실적인 무게를 가볍게 여기고 싶지 않았다.

그래서 논의는 오랫동안 조심스럽게 진행되었다. 자료를 검토하고 산업 수요를 분석하고 학생과 학부모의 요구를 확인했다.

그러나 그 모든 근거가 쌓여도 결정의 순간은 쉽게 오지 않았다. "조금 더 지켜보자"라는 말은 늘 합리적으로 들렸고, "지금은 시기가 아니다"라는 판단 역시 이해할 만했다. 변화의 필요성과 변화의 부담 사이에서 학교는 늘 후자를 더 또렷하게 느끼고 있었다.

그러나 시간이 지날수록 나는 이 망설임 자체가 또 다른 결정이라는 사실을 깨닫게 되었다. 바꾸지 않기로 하는 선택 역시 분명한 선택이었고, 그 선택의 결과는 고스란히 학생들에게 돌아가고 있었다.

학과는 유지되었지만, 그 학과가 준비시키는 진로는 점점 설 자리를 잃고 있었다. 학생들은 학교 안에서 미래를 찾지 못하고 학교 밖에서 다른 길을 모색해야 했다.

그래서 나는 질문의 방향을 다시 잡아야 한다고 느꼈다. 이 결정이 교사에게 얼마나 불편한가가 아니라, 이 결정을 미룰 때 학생에게 어떤 시간이 사라지는가를 묻는 일. 학과 개편은 결국 이 질문에 대한 답이었다.

학교는 교사를 보호하기 위해 존재하는 조직이 아니라 학생의 미래를 준비시키기 위해 존재한다는 가장 기본적인 원칙으로 돌아가는 일이었다. 나는 그 원칙을 말로만 남겨 둘 수 없다고 느꼈다.

학과 개편이라는 결정은 어느 날 갑자기 내려진 결단이 아니었다. 수많은 회의와 갈등, 설득과 설명을 거치며 조금씩 굳어 간 선택이었다.

나는 교사들과 가능한 한 솔직해지려 했다. "이 변화가 쉽지 않다는 걸 안다.", "그러나 이 변화를 하지 않으면 학교는 더 이상 학생을 향하지 못한다." 이 말을 반복하는 일은 나에게도 결코 편하지 않았다.

결정이 가까워질수록 반대의 목소리는 더 분명해졌다. 어떤 교사는 분노했고 어떤 교사는 침묵했다. 그 침묵이 가장 무거웠다. 침묵은 동의가 아니라 체념일 수 있다는 사실을 나는 알고 있었다.

그래서 더욱 조심스럽게 설명하려 했다. 이 결정이 특정 개인을 밀어내기 위한 것이 아니라 학교의 방향을 다시 세우기 위한 것이라는 점을.

결국 학과 개편은 타협의 결과이자, 동시에 양보할 수 없는 선을 그은 결정이었다. 모든 요구를 다 받아들일 수는 없었고 모든 불안을 해소할 수도 없었다.

그러나 최소한 이 결정이 학생의 미래를 넓히는 방향으로 가고 있는지는 끝까지 확인하려 했다. 이 과정을 거치며 나는 또 하나의 사실을 배웠다.

학교를 바꾸는 결정은 언제나 갈등을 남긴다는 것, 그리고 갈등을 남기지 않는 변화는 거의 존재하지 않는다는 것. 중요한 것은 갈등을 없애는 것이 아니라 그 갈등을 어떤 기준으로 감당하느냐였다.

학과 개편은 나에게 교육행정의 또 다른 얼굴을 보여 주었다. 설명만으로는 부족하고, 이해를 구하는 것만으로도 충분하지 않은 순간이 있다는 사실. 결국 누군가가 책임을 지고 방향을 정해야 하는 순간이 있다는 사실이었다.

그리고 그 결정은 새로운 학교의 탄생으로 이어질 수밖에 없었다. 기존의 틀을 유지하는 방식이 아니라 학생을 기준으로 다시 설계된 공간이 필요하다는 결론이 점점 분명해지고 있었기 때문이다.

새로운 학교의 탄생

새로운 학교를 만든다는 것은 건물을 하나 더 짓는 일이 아니었다. 교육이 무엇이어야 하는지를 다시 묻는 일이었고, 그 질문에 제도로 답하는 과정이었다.

세종장영실고등학교 전경
(출처: 위키백과, 고래밥2)

그래서 나는 장영실고등학교의 개교를 앞두고도 쉽게 '새로운 학교'라는 말을 쓰지 못했다. 이름이나 시설이 아니라 구조와 태도가 달라져야 진짜로 새로울 수 있다고 생각했기 때문이다.

개교 준비 과정은 생각보다 훨씬 길고 복잡했다. 학과를 정하는 문제에서부터 교육과정, 실습실 기준, 기자재, 예산, 교원 배치, 지역사회와의 연계까지 하나하나가 결정의 연속이었다.

직업계고라는 특성상 학교는 개교와 동시에 학생의 미래와 직결된 책임을 떠안게 된다. 잘못 설계된 선택은 곧바로 학생의 진로를 제한할 수 있었다.

그래서 나는 장영실고를 준비하며 같은 질문을 반복해서 던졌다. 이 학교는 학생에게 무엇을 열어 줄 것인가. 그리고 무엇을 닫아 버리지는 않을 것인가.

기존 직업계고가 겪어 온 가장 큰 한계는, 한 번의 선택이 너무 많은 것을 결정해 버린다는 구조였다. 입학과 동시에 학과가 정해지고, 그 학과는 졸업 이후의 경로를 규정했다.

나는 이 구조를 그대로 옮기고 싶지 않았다. 새롭게 설계한다면 적어도 다시 선택할 수 있는 여지를 제도 안에 담아야 한다고 생각했다.

그래서 장영실고는 개교와 동시에 직업계고 학점제를 선제적으로 도입했다. 학생이 자신의 적성과 속도에 따라 과목을 선택하고, 학과 간 이동과 복수전공이 가능하도록 설계했다.

이 선택은 행정적으로도 교육적으로도 부담이 큰 결정이었다. 교사는 더 많은 준비를 해야 했고, 학교 운영은 훨씬 복잡해졌다. 그럼에도 나는 이 복잡함을 학생에게 돌아갈 자유의 비용으로 받아들이기로 했다.

개교 첫해 학교를 찾았을 때, 나는 교실보다 학생들의 표정을 먼저 보았다. 아직 학교의 규칙과 리듬에 익숙하지 않은 아이들이 복도를 오가고 있었다. 그 표정에는 긴장과 기대가 섞여 있었다. 학생들의 말은 단순했지만, 그 말 속에는 이전의 학교 구조가 이 아이들을 충분히 품지 못했다는 사실이 담겨 있었다.

"일반고에는 가고 싶은 마음이 없었어요.", "여기서는 제가 배우고 싶은 걸 배울 수 있을 것 같았어요." 나는 그 말들을 들으며, 학교가 학생의 선택을 존중하는 방식이 얼마나 오랫동안 부족했는지를 다시 생각하게 되었다.

장영실고가 특별했던 이유는, 처음부터 취업률이나 성과를 앞세우지 않았다는 점이었다. 학생들에게 "여기서 무엇을 해 볼 수 있는지 충분히 경험해 보라"라고 말했다.

실습수업, 학과 간 체험은 학생들에게 자신의 선택을 다시 돌아볼 기회를 주었다. 어떤 학생은 처음 선택한 학과에 더 깊이 몰입했고, 어떤 학생은 다른 분야로 관심을 옮겼다. 그 이동이 허용되는 구조 자체가 이 학교가 지향한 새로운 질서였다.

물론 모든 것이 순조로웠던 것은 아니다. 학점제 운영은 시행착오를 동반했고, 교사들 역시 기존의 방식에서 벗어나야 했다. 평가 방식, 시간 운영, 학생 관리 등 어느 하나 쉬운 문제가 없었다.

그러나 나는 이 시행착오가 실패라고 생각하지 않았다. 오히려 학교가 살아 있다는 증거처럼 느껴졌다. 완성된 제도를 적용하는 학교가 아니라, 함께 만들어 가는 학교였기 때문이다.

새로운 학교의 탄생은 한 번의 사건이 아니라 계속되는 과정이었다. 개교는 출발선일 뿐이었고, 학교는 매 학기마다 자신이 설정한 질문을 다시 점검해야 했다.

학교는 정말 학생을 기준으로 작동하고 있는가, 선택의 자유가 형식에 머물고 있지는 않은가, 다시 밀려나는 학생은 없는가. 나는 이 질문을 학교와 함께 붙들고 가야 한다고 생각했다.

장영실고를 통해 나는 다시 한번 확인하게 되었다. 학교는 변할 수 있다. 그러나 변화는 선언이나 구호로 이루어지지 않는다. 구조를 바꾸고, 그 구조가 작동하도록 끝까지 책임질 때 비로소 학교는 다른 얼굴을 갖게 된다.

학교가 과거를 복제하는 공간이 아니라 미래를 연습하는 공간이 될 수 있다는 가능성. 장영실고는 그 가능성을 보여 주었다.

학생을 기준으로 다시 설계하다

학교를 설계할 때 가장 쉽게 말하는 문장은 "학생을 중심에 두겠다"라는 말이다. 그러나 나는 교육행정의 자리에서 이 말이 얼마나 쉽게 공허해질 수 있는지를 수없이 보아 왔다.

학생을 말하면서도 실제 설계의 기준은 늘 다른 곳에 놓여 있었다. 교사의 전공, 행정의 효율, 예산의 한계, 기존 제도의 관성. 학생은 마지막에 고려되는 변수처럼 취급되곤 했다.

그래서 나는 장영실고를 준비하며 스스로에게 더 까다로운 질문을 던지기로 했다. 이 설계는 정말 학생의 하루에서 출발했는가. 이 제도는 학생이 실패했을 때도 감당할 수 있는 구조인가. 그리고 이 학교는 학생이 바뀌어도 다시 설계될 수 있는가.

학생을 기준으로 다시 설계한다는 것은, 단순히 학생의 요구를 많이 반영하는 일이 아니었다. 기존의 설계 논리를 뒤집는 일이었다.

먼저 제도를 만들고 학생을 그 안에 끼워 맞추는 방식이 아니라, 학생의 선택과 속도를 먼저 상정하고 제도를 그에 맞게 조정하는 방식으로 사고의 방향을 바꾸는 일이었다.

장영실고의 학점제 설계는 그 사고 전환의 결과였다. 입학과 동시에 진로가 고정되는 구조를 벗어나 학생이 스스로 경로를 수정하고 확장할 수 있도록 하는 것.

학과 간 이동과 복수전공을 허용한 것은 단지 제도의 유연성을 높이기 위한 선택이 아니었다. 그것은 학생에게 "지금의 선택이 전부가 아니다"라는 메시지를 제도적으로 보장하는 일이었다. 그리고 이 보장은 말로 할 때보다 규정과 시간표, 졸업 요건으로 명시될 때 훨씬 강력해졌다.

학생을 기준으로 설계된 학교에서는 질문의 주체도 달라진다. “이 과를 졸업하면 무엇이 되나요”라는 질문보다 “이 과에서 무엇을 해 볼 수 있나요”라는 질문이 먼저 나온다.

나는 이 질문의 차이가 학교의 성격을 결정한다고 느꼈다. 전자는 결과를 묻는 질문이고, 후자는 경험을 묻는 질문이다. 경험을 중심에 둔 학교에서 진로는 하나의 결론이 아니라 축적된 선택의 결과로 형성된다.

물론 학생을 기준으로 설계한다고 해서 부담이 사라지는 것은 아니다. 오히려 부담은 더 커진다. 선택이 많아질수록 안내는 더 정교해야 하고, 실패가 허용될수록 회복의 장치는 더 촘촘해야 한다.

학생을 중심에 둔다는 말은, 학교가 더 많은 책임을 진다는 뜻이기도 했다. 나는 이 책임을 회피하지 않기로 했다.

이 과정에서 교사의 역할 역시 달라질 수밖에 없었다. 교사는 더 이상 정해진 경로를 안내하는 사람이 아니라, 선택의 과정을 함께 견디는 동행자가 되어야 했다.

이는 교사에게도 새로운 학습과 적응을 요구했다. 익숙한 방식에서 벗어나야 했고, 학생의 질문에 즉답을 주지 못하는 상황도 감당해야 했다. 나는 이 불편함이야말로 학생 중심 설계의 진짜 비용이라고 생각했다.

학생을 기준으로 설계된 학교는 관리하기 어렵다. 예측이 쉽지 않고 결과를 빠르게 제시하기도 어렵다. 그러나 나는 이 어려움이 학교가 살아 있다는 증거라고 느꼈다.

모든 것이 계획대로 흘러가는 학교는 학생의 변화를 충분히 담아내지 못한다. 학생이 바뀌는 만큼 학교도 끊임없이 조정되어야 했다.

학생들 가운데에는 처음 선택을 후회했던 아이들도 있었다. 그러나 중요한 것은 그 후회가 끝이 아니었다는 점이다. 그 아이들은 다시 선택할 수 있었고, 그 선택은 실패가 아니라 탐색의 일부로 받아들여졌다.

나는 이 장면을 보며 확신하게 되었다. 학생을 기준으로 설계된 학교란, 학생이 다시 시작할 수 있는 학교라는 사실을.

이 대목을 길게 쓰는 이유도 여기에 있다. 학생을 기준으로 설계한다는 말은 가장 많이 사용되지만, 가장 적게 실천되는 말이기 때문이다. 그것은 선언의 문제가 아니라 구조의 문제다.

학생을 중심에 둔다는 말은 결국 다른 모든 기준을 그 뒤로 미루겠다는 선택을 포함한다.

그래서 나는 이제 이렇게 말할 수 있게 되었다. 학교는 변할 수 있는가라는 질문에 대한 답은 제도나 예산의 유무에만 있지 않다고. 그 답은 누구를 기준으로 설계할 것인가를 끝까지 밀어붙일 수 있는가에 달려 있다고.

교실에서 확인된 '구조의 한계'

학교의 구조가 더는 유지될 수 없다고 느끼게 된 결정적인 순간들은 회의실이 아니라 교실에서 찾아왔다.

세종하이텍고등학교, 이후 세종미래고등학교로 불리게 된 학교에서 학생들을 지도하던 시절의 경험은 내 생각을 분명히 흔들어 놓았다.

그 학교에는 밤에는 일하고, 점심때가 되어서야 교실로 들어오는 학생들이 있었다. 밤늦게까지 일하다가 교복을 입고 수업에 들어오는 아이들, 졸린 눈으로 책상에 앉아 있지만 수업을 포기하지는 않던 아이들.

그 모습은 '학교에 적응하지 못한 학생'의 모습이 아니라 학교가 학생의 삶을 따라가지 못하고 있다는 신호처럼 보였다.

어느 날 한 학생과 나눈 대화가 오래 남아 있다. "선생님, 저는 졸업장만 있으면 돼요." 그 말에는 체념도 반항도 없었다. 다만 현실을 정확히 계산한 사람의 담담함이 있었다.

그는 이미 생계를 책임지고 있었고, 학교는 그의 삶에 맞춰 설계된 공간이 아니었다. 그럼에도 그는 학교를 떠나지 않았다. 최소한의 연결 고리로라도 학교와 이어져 있고 싶었던 것이다.

나는 그 순간 묻게 되었다. 이 학생에게 학교는 무엇이어야 하는가. 그리고 우리는 이 학생에게 무엇을 요구하고 있는가.

기존의 학과 체계와 시간표는 이 학생을 전혀 고려하지 않고 있었다. 정해진 시간, 정해진 이수 방식, 정해진 진로 경로. 그 틀 안에서 이 학생은 늘 예외가 되었고, 예외는 곧 부담이 되었다.

학교는 그를 '관리해야 할 대상'으로만 바라보고 있었지, 그의 삶을 함께 설계할 대상으로 보지 못하고 있었다.

그러나 그 학생의 태도는 오히려 학교에 대한 책임감으로 가득

차 있었다. 지각을 사과했고, 과제를 미루지 않으려 애썼으며, 졸업 요건을 하나라도 더 채우기 위해 질문을 멈추지 않았다.

나는 그 모습을 보며 확신하게 되었다. 문제가 있는 것은 학생이 아니라 학생의 삶을 담아내지 못하는 구조라는 사실을.

이 경험은 이후 직업계고를 바라보는 나의 시선을 완전히 바꾸어 놓았다. 학교는 '정상 경로'를 기준으로 학생을 분류하는 곳이 아니라 각자의 삶의 속도를 가진 학생을 품어야 하는 공간이어야 했다.

밤에 일하고 낮에 공부하는 학생, 빠르게 현장으로 나가야 하는 학생, 다시 돌아와 배움을 이어 가고 싶은 학생 모두가 배제되지 않는 구조가 필요했다.

그래서 나는 점점 더 분명히 느끼게 되었다. 학과를 조금 손보는 정도로는 이 문제를 해결할 수 없다는 사실을. 시간표와 이수 방식, 진로 경로 자체를 다시 설계하지 않으면 학교는 계속해서 이런 학생들을 예외로 밀어낼 수밖에 없다는 사실을.

그 학생은 학과 개편의 필요성을 이론이 아니라 삶의 언어로 설명해 준 존재였다. 이후 장영실고를 설계하며 내가 놓지 않으려 했던 기준—학생을 기준으로 다시 설계해야 한다는 원칙—은 바로 이 경험에서 비롯되었다.

좌절을 통과하며 더 선명해진 결론

학교를 바꾸는 일은 언제나 선언으로 시작되지만, 실제 변화는 대개 좌절을 먼저 통과한다. 학과 개편 논의는 그 사실을 가장 뼈아프게 보여 준 경험이었다. 필요성은 분명했고 논리도 준비되어 있었지만 변화는 끝내 문턱을 넘지 못했다.

세종여자고등학교에서는 시대의 변화에 맞춘 학과 재구성이 필요하다는 공감대가 있었다. 학생들의 진로는 다변화되고 있었고, 기존 학과 체계로는 그 흐름을 충분히 담아내기 어려웠다.

논의는 조심스럽게 시작되었고 여러 차례 설명과 협의가 이어졌다. 그러나 논의가 구체화될수록 학교는 다시 과거의 구조로 되돌아갔다. “지금도 운영에는 문제가 없다”라는 말이 반복되었고 변화의 필요성은 ‘검토 과제’로 남았다.

세종하이텍고에서도 상황은 크게 다르지 않았다. 산업 구조의 변화는 이미 교실 밖에서 진행되고 있었지만, 학교 안의 학과 체계는 그 속도를 따라가지 못하고 있었다.

현장 실습과 취업 연계를 강화하기 위한 개편안이 제시되었지만, 그 과정에서 마주한 것은 제도의 벽이었다. 교원 수급, 시설 기준, 승인 절차. 하나하나가 현실적인 이유였고, 그래서 더 설득하기 어려웠다.

무엇보다 크게 다가온 것은 두려움이었다. 학과가 바뀐다는 것은 곧 교사의 전공과 역할이 바뀐다는 뜻이었고, 그 변화는 개인의 삶과 직결되어 있었다.

다른 과목을 다시 준비해야 하는 부담, 이동 가능성에 대한 불안, 익숙한 교실을 떠나야 할지도 모른다는 두려움은 쉽게 말로 설득될 문제가 아니었다. 나는 그 두려움이 얼마나 현실적인지 잘 알고 있었다.

그래서 나는 이 좌절을 단순한 실패로 치부할 수 없었다. 오히려 이 경험은 학교가 변하지 않으려는 것이 아니라 변화의 비용을 너무 정확히 알고 있기 때문에 망설이고 있다는 사실을 보여 주었다.

구조를 유지하는 선택은 당장의 갈등을 피하게 해 주었지만, 동시에 학생들의 미래를 조금씩 미뤄 두는 선택이기도 했다.

이 좌절의 순간, 나는 중요한 질문 하나를 붙들게 되었다. 이 변화가 교사에게 얼마나 불편한가가 아니라, 이 변화를 미룰 때 학생에게 무엇이 사라지는가를 묻는 질문이었다.

세종여고와 세종하이텍고에서의 학과 개편 좌절은 내게 멈춤이 아니라 전환의 계기가 되었다. 기존 학교의 틀 안에서는 변화가 구조적으로 제한될 수밖에 없다는 사실을 분명히 깨닫게 되었기 때문이다.

조금씩 고치는 방식으로는 한계가 있었고, 완전히 다른 설계가 필요했다는 결론에 이르렀다. 그 결론은 결국 '새로운 학교'라는 선택으로 이어지게 된다.

장영실고, 설계가 신뢰로 이어질 때

기존 학교의 구조 안에서 더 이상 답을 찾기 어렵다는 결론에 도달했을 때, 선택지는 분명해졌다. 고치는 방식이 아니라 새로 설계하는 방식이 필요하다는 판단이었다. 장영실고의 개교는 그렇게 시작되었다.

장영실고는 단순한 신설 학교가 아니었다. 기존 직업계고의 한계를 반복하지 않겠다는 결심에서 출발한 하나의 질문에 가까웠다. 지금의 학생들에게 필요한 학교는 어떤 모습이어야 하는가.

그래서 학과 설계부터 이전과는 다른 기준을 세웠다. 과거의 관성이나 교원 수급 논리보다 학생과 학부모의 요구를 먼저 듣는 방식을 택했다.

학부모 간담회와 설명회에서 반복해서 등장한 말은 분명했다. "시대에 맞는 학과를 만들어 달라.", "아이들이 졸업 이후에도 선택지를 가질 수 있었으면 좋겠다." 그 요구는 막연하지 않았다.

IT 기반 학과, 보건·간호 계열, 뷰티·미용, 외식·조리처럼 취업과 진학, 창업으로 이어질 수 있는 현실적인 진로 경로를 원하고 있었다. 장영실고의 네 개 학과는 그렇게 만들어졌다. 유행을 좇는 구성이 아니라 학생의 삶을 기준으로 그린 설계였다.

학과 설계는 곧 시설과 실습 환경의 문제로 이어졌다. 이론만으로는 부족했고, 현장을 흉내 내는 수준으로도 충분하지 않았다.

그래서 실습실 기준을 새로 만들고 기자재 확보에 우선순위를 두었다. 특히 해외 취업과 연계된 교육을 염두에 두고 예산을 충분히 확보한 것은 학생들의 가능성을 학교 안에 가두지 않겠다는 의지의 표현이었다.

개교 이후 학교를 찾았을 때, 나는 아이들의 태도에서 가장 먼저 변화를 느꼈다. 자신이 선택한 학과에 대해 설명할 때의 눈빛, 실습실에서 결과물을 만들어 내며 보이던 집중력은 '어쩔 수 없이 다니는 학교'의 모습과는 분명히 달랐다.

학부모들의 반응 역시 예상보다 훨씬 분명했다. 학과에 대한 선호도는 높았고 "이 학교라면 아이를 맡길 수 있겠다"라는 말이 반복되었다. 만족도라는 숫자보다 더 중요했던 것은 학교를 향한 신뢰가 실제로 형성되고 있다는 감각이었다.

시간이 흐르며 장영실고는 또 다른 결과를 보여 주기 시작했다. 취업으로 이어진 사례, 창업에 도전한 졸업생, 현장에서 능력을 인정받았다는 소식들이 하나둘 들려왔다.

그때마다 학생들은 이렇게 말했다. "이 학교에서 배운 게 도움이 됐어요." 그 말은 성과 지표보다 훨씬 직접적인 평가였다. 학교가 학생의 삶에 닿았다는 증거였기 때문이다.

이 경험을 통해 나는 더 분명해졌다. 학교는 변할 수 있는가라는 질문에 대한 답은, 어떤 구조를 유지할 것인가가 아니라 어떤 기준으로 설계할 것인가에 달려 있다는 사실을. 학생을 중심에 두겠다는 말은 선언으로 끝날 수 없다.

결국 기존의 불편한 구조를 내려놓고 새로운 책임을 감당하겠다는 선택으로 증명되어야 한다. 장영실고는 그 사실을 내게 보여 주었다.

고교 제자들과 함께한 소풍

갈등과 삶을 가르치는 교육

운동으로 하나가 된 학생들과 함께

학교에서 갈등은 예외적인 사건이 아니다. 아이들이 함께 살아가는 공간인 이상, 갈등은 언제나 발생한다. 처음의 갈등은 대부분 사소하다.

친구 사이에서 오간 말 한마디, 단체 채팅방에서의 오해, 자리나 역할을 둘러싼 작은 다툼. 그러나 어른이 이 갈등을 가볍게 넘기는 순간, 갈등은 빠르게 다른 얼굴을 갖게 된다.

문제가 되는 것은 갈등 그 자체가 아니라, 갈등이 제때 다뤄지지 못할 때 생기는 파장이다.

교실 안에서 풀리지 못한 갈등은 아이들의 마음속에서 상처로 굳어지고, 그 상처는 곧 행동으로 드러난다. 그렇게 갈등은 어느 날 '사건'이라는 이름을 얻게 된다.

사건이 되는 순간, 갈등은 더 이상 교실 안에 머물지 않는다. 학부모의 전화가 이어지고, 학교의 판단이 요구되며, 행정 절차가 작동한다.

갈등은 아이들 사이의 문제가 아니라, 학교와 학부모, 제도와 규정이 동시에 맞부딪히는 문제가 된다. 나는 이 과정에서 갈등이 얼마나 빠르게 확장되고, 그만큼 학교가 취약한 위치에 놓이게 되는지를 수없이 보아 왔다.

학생과 학생 사이에서 시작된 갈등은 종종 학부모와 학교의 갈등으로 이어진다. 학부모의 불안은 대부분 아이에 대한 사랑에서 비롯된다. 아이의 하루를 직접 볼 수 없는 상황에서, 학교에 그 책임을 맡길 수밖에 없기 때문이다.

그러나 설명되지 않은 결정과 공유되지 않은 절차는 그 불안을 분노로 바꾸기도 한다. “왜 우리 아이만 손해를 보느냐”라는 질문은 갈등을 더 단단하게 만든다.

학교 역시 쉽지 않다. 교사는 수십 명의 아이를 동시에 책임져야 하고, 모든 상황을 개별적으로 설명할 여유를 갖기 어렵다.

규정과 절차는 공정함을 위한 장치지만, 학부모에게는 때로 차가운 벽처럼 느껴진다. 그 사이에서 교사는 교육자가 아니라 방어자가 되기 쉽고, 대화의 문은 점점 닫힌다.

이 지점에서 나는 갈등의 본질이 ‘누가 옳은가’에 있지 않다는 사실을 분명히 느끼게 되었다. 갈등은 잘못을 가려내야 할 문제라기보다, 관계가 흔들렸다는 신호에 가깝다.

그 신호를 사건으로만 처리할 때, 학교는 질서를 유지할 수는 있지만 관계를 회복시키지는 못한다. 그리고 회복되지 않은 관계는 다음 갈등의 씨앗으로 남는다.

세종학생화해중재원

세종특별자치시교육청 학생화해중재원에서 마주한 아이들은 이 구조를 가장 솔직하게 보여 주었다. 중재를 받으러 온 아이들 대부분은 말이 없었다. 자신이 왜 그런 행동을 했는지, 무엇이 상처였는지를 차분히 말해 본 경험이 거의 없었기 때문이다.

그 아이들에게 먼저 필요했던 것은 판단이나 훈계가 아니라, 자신의 이야기를 끝까지 해 볼 수 있는 시간이었다.

갈등은 초기 대응이 무엇보다 중요하다. 작은 갈등일수록, 빨리 다뤄질수록 회복의 가능성은 커진다. 그러나 갈등을 미루거나 규정에만 맡기는 순간, 상황은 복잡해진다.

실제로 학교폭력 사안의 심의가 교육청으로 이관되면서 학교장의 재량과 담임교사의 개입 시기가 늦어지고, 작은 갈등이 적절한 대응의 시기를 놓쳐 더 무거운 사건으로 바뀌는 경우가 많아졌다는 현장의 목소리도 이어졌다.

그래서 갈등을 다루는 방식은 학교의 힘을 그대로 드러낸다. 갈등을 숨기거나 폭력으로만 규정하는 학교는 아이들에게 침묵과 회피를 가르친다.

반대로 갈등을 말할 수 있는 문제로 꺼내고, 관계를 다시 바라보게 하는 학교는 아이들에게 존중과 책임을 가르친다. 이 차이는 시간이 지날수록 더 크게 나타난다.

특히 학급 전체가 흔들리는 상황에서는 즉각적이고 현장적인 개입이 필요하다. '찾아가는 아람두리'와 같은 집단상담 프로그램은 바로 이 지점을 겨냥한 시도였다.

갈등이 발생한 학급으로 직접 들어가, 또래 관계 회복과 공동체성 강화를 돕는 이 프로그램은 갈등을 개인의 문제로 환원하지 않고 학급 전체의 관계 문제로 다루는 방식이었다.

예술 매체를 활용한 상담은 말로 표현하기 어려운 감정을 풀어내는 통로가 되었고, 필요할 경우 개인 상담과 치료로 이어질 수 있는 연결망도 함께 작동했다.

또한 갈등 이후 심리·정서적으로 고위험 상태에 놓인 학생들을 위한 위기 지원 역시 중요했다.

Wee·아람센터의 특별상담실 운영과 외부 전문기관 연계는, 학교가 문제를 외주화하지 않고 끝까지 함께하겠다는 태도를 보여주는 선택이었다. 이는 갈등을 '처리'하는 것이 아니라, 아이의 삶을 회복의 과정으로 바라보는 관점에서 나온 결정이었다.

이 모든 경험을 통해 나는 분명히 알게 되었다. 갈등은 학교를 위협하는 요소가 아니라, 학교가 무엇을 가르치고 있는지를 가장 선명하게 드러내는 장면이라는 사실을.

갈등이 교실을 넘어왔을 때, 학교는 선택해야 한다. 규정으로 빠르게 정리할 것인가, 아니면 느리더라도 관계를 다시 세울 것인가. 이 선택은 단순한 대응 방식의 문제가 아니다. 그 선택 자체가 교육이 된다.

그래서 나는 더 이상 기존의 방식만으로는 충분하지 않다고 느끼게 되었다. 갈등을 다루는 힘이 곧 교육의 힘이라는 믿음은 자연스럽게 다음 선택으로 이어졌다.

처벌이 아니라, 회복을 선택하는 일. 그 선택이 왜 필요했는지를,

현장에서 더욱 분명히 보게 되었기 때문이다.

처벌 대신 회복을 선택하다

갈등이 교실을 넘어왔을 때, 학교가 가장 쉽게 붙잡는 것은 규정이었다. 규정은 분명했고, 절차는 익숙했으며, 결과는 빠르게 나왔다.

누가 가해자인지, 누가 피해자인지를 가려내고 정해진 처분을 내리는 방식은 행정적으로 명확했다. 학교폭력은 그렇게 '사안'으로 정리되었다. 서류는 완결되었고, 보고는 끝났으며, 겉으로 보기에는 문제가 해결된 것처럼 보였다.

그러나 나는 그 이후의 시간을 보아 왔다. 처분이 내려진 뒤에도 피해학생의 불안은 사라지지 않았고, 가해학생에게는 낙인이 남았다. 무엇보다 교실 안에는 말하지 않은 감정과 어색한 침묵이 오래 머물렀다.

사건은 끝났지만 관계는 끝나지 않았다. 오히려 관계는 더 단단하게 굳어 버렸다. 이 장면을 반복해서 마주하며 나는 점점 더 분명해졌다. 이 방식은 질서를 만들 수는 있지만, 아이들의 삶을 회복시키지는 못한다는 사실이었다.

학생화해중재원에서의 경험은 이러한 문제의식을 제도의 언어로 바꾸는 계기가 되었다. 중재를 받으러 온 아이들 가운데 상당수는 처음부터 말을 하지 못했다. 자신이 왜 그런 행동을 했는지, 어떤 말이 상처가 되었는지를 차분히 설명해 본 적이 없었기 때문이다.

아이들은 늘 판단의 대상이었지, 자신의 이야기를 풀어낼 주체로서 본 경험은 거의 없었다. 그들에게 가장 먼저 필요했던 것은 훈계나 판결이 아니라, 안전하게 이야기를 꺼낼 수 있는 시간과 공간이었다.

그래서 질문을 바꾸었다. 누가 잘못했는가가 아니라, 이 관계를 어떻게 다시 세울 것인가. 이 질문에서 출발한 것이 화해중재였다.

화해중재는 처벌을 없애기 위한 제도가 아니었다. 오히려 처벌 이전에 교육이 개입할 수 있는 통로를 열어 두는 장치였다. 피해학생의 치유와 회복, 가해학생의 성찰과 책임을 동시에 추구하는 회복적 접근은 갈등을 덮는 대신 갈등을 언어로 마주하게 하는 과정이었다.

중재의 핵심 원칙은 자발성이었다. 당사자의 동의 없이 회복은 시작될 수 없기 때문이다.

중재 대화는 철저히 안전하게 설계되었고, 서로의 입장을 말하고 듣는 과정 속에서 감정이 정리되었다. 진정성 있는 사과와 재발 방지 약속은 합의문으로 남았다. 이 합의문은 처벌의 기록이 아니라, 관계 회복의 출발선이었다.

제도가 현장에서 작동하기 위해서는 사람의 준비가 필요했다. 그래서 학교폭력 화해중재지원단을 구축했다. 분쟁·조정 전문가, 전문상담교사, 변호사, 교사 등 다양한 배경을 가진 사람들이 중재 인력으로 참여했다.

이론 중심 연수가 아니라 실제 사례를 놓고 실습과 토론을 반복하며, 중립성과 공정성을 갖춘 중재 역량을 키워 나갔다. 이 과정을 통해 나는 다시 한번 확인했다. 회복은 제도만으로 이루어지지 않고, 준비된 사람이 있을 때 가능해진다는 사실을.

갈등을 다루는 데에는 속도도 중요했다. 갈등은 초기에 개입할수록 회복의 가능성이 커진다. 그러나 사안이 공식 절차로 넘어가면 대응 시점은 늦어지고 갈등은 더 굳어진다.

그래서 학교 안으로 직접 들어가는 방식의 개입이 필요했다. '찾아가는 아람두리' 집단상담 프로그램은 이러한 문제의식에서 출발한 시도였다.

갈등이 발생한 학급으로 바로 찾아가, 또래 관계 회복과 공동체성 강화를 돕는 방식은 갈등을 개인의 문제로 환원하지 않고 학급 전체의 관계 문제로 다루는 접근이었다.

아람두리 프로그램에서 나는 아이들이 조금씩 달라지는 장면을 보았다. 처음에는 눈을 마주치지 않던 아이들이 예술 매체를 활용한 활동을 통해 자신의 감정을 표현하기 시작했다.

말로 하기 어려웠던 분노와 억울함, 불안은 그림과 몸짓, 이야기로 풀려 나왔다. 그 과정은 빠르지 않았지만 분명했다. 관계는 서서히 다시 움직이기 시작했다.

사건 이후의 시간도 놓치지 않으려 했다. 갈등을 겪은 아이들 가운데에는 심리·정서적으로 고위험 상태에 놓인 경우도 적지 않았다.

Wee·아람센터의 특별상담실 운영과 외부 전문기관 연계는, 학교가 문제를 외주화하지 않고 끝까지 함께하겠다는 태도를 보여주는 선택이었다.

긴급 상담과 심리검사, 치료 연계는 갈등이 아이의 삶 전체를 무너뜨리지 않도록 지켜 주는 최소한의 안전망이었다.

이 모든 과정을 거치며 나는 확신하게 되었다. 처벌 중심의 대응은 질서를 유지할 수는 있지만, 아이의 삶을 회복시키지는 못한다는 사실을. 반대로 회복을 선택하는 교육은 시간이 오래 걸리고 설명이 더 필요하며 때로는 비효율적으로 보일 수 있다.

그러나 그 과정은 아이들에게 아주 중요한 메시지를 남긴다. 갈등은 숨겨야 할 것이 아니라, 함께 풀어 가야 할 문제라는 메시지다.

회복은 빠르지 않다. 그러나 서두른 처벌보다 느리더라도 관계를 회복하려는 시도가 아이들에게는 훨씬 오래 남는다.

그 경험은 아이들이 앞으로 살아가며 갈등을 마주했을 때 선택할 수 있는 또 하나의 방식이 된다. 그래서 나는 믿게 되었다. 갈등을 다루는 힘이 곧 교육의 힘이라는 사실을.

안전한 학교란 갈등이 없는 학교가 아니다. 안전한 학교란 갈등을 교육적으로 다룰 수 있는 힘을 가진 학교다.

그리고 그 힘은 규정이 아니라, 제도와 사람, 그리고 책임 있는 선택이 함께할 때 만들어진다.

세종안전체험교육원 임기를 마무리하며

삶을 준비시키는 교육으로

갈등을 회복의 방식으로 다루기 시작하면서, 나는 학교가 아이들에게 무엇을 더 가르쳐야 하는지 다시 묻게 되었다.

관계를 회복하는 힘만으로는 충분하지 않았다. 아이들은 학교를 떠난 뒤에도 수많은 선택과 위험 앞에 서게 된다. 그 앞에서 스스로를 지킬 수 있는 준비가 되어 있는가라는 질문이 남았다.

이 질문은 자연스럽게 진로와 안전으로 이어졌다. 두 영역은 서로 다른 것처럼 보이지만, 내게는 같은 방향을 향하고 있었다. 삶을 준비시키는 교육이라는 하나의 질문이었다.

진로교육원을 준비하며 내가 가장 경계했던 것은, 진로를 다시 '정답의 영역'으로 만들어 버리는 일이었다. 진로교육은 오랫동안 직업 정보를 제공하는 방식으로 오해되어 왔다.

세종청년 취업박람회 참석

그러나 정보는 불안을 줄이지 못했다. 오히려 불안은 더 커졌다. 그래서 진로교육의 출발점은 단순했다. 아이들이 질문해 볼 수 있는 공간을 만들자. 보고, 만지고, 질문하며 자신의 삶을 상상해 볼 수 있는 공간. 공공정책과 연구, 과학기술, 문화와 산업을 연결해 사회의 작동 방식을 경험하는 자리였다.

중요했던 것은 이 공간이 일부 학생만을 위한 곳이 아니라는 점이었다. 진로는 성적순으로 주어지는 보상이 아니라, 모든 아이가 고민해 볼 권리가 있는 삶의 문제이기 때문이다.

그래서 진로교육은 특수교육 대상 학생과 학교 밖 청소년까지 포용하는 방향으로 설계되었다. 누구도 자신의 출발선 때문에 진로 탐색에서 배제되어서는 안 된다는 원칙은 이후 모든 운영의 기준이 되었다.

정성과 노력을 담아 준비한 진로교육원 개원식

안전교육 역시 마찬가지였다. 학생안전체험교육원에서 아이들은 안전을 지식이 아니라 체험으로 배웠다. 재난과 사고 앞에서 판단하는 연습은 아이들의 태도를 바꾸었다.

"이제는 왜 이렇게 해야 하는지 알겠어요"라는 말은 안전이 규칙이 아니라 이해의 문제임을 보여 주었다. 안전교육은 사고 이후의 대응이 아니라, 시민으로 살아가기 위한 기본 역량을 기르는 교육이어야 했다.

이 경험들을 통해 나는 다시 한번 확신하게 되었다. 교육은 시험을 준비시키는 일이 아니라, 삶을 준비시키는 일이라는 사실을. 갈등을 회복으로 다루는 힘, 진로를 연습하는 공간, 안전을 삶의 기술로 가르치는 교육. 이 모든 것은 하나의 방향을 가리키고 있었다.

학교는 아이들에게 정답을 주는 곳이 아니라, 스스로 판단하며 살아갈 수 있는 힘을 기르는 곳이어야 한다는 방향이다.

학생화해중재원장을 맡아 갈등을 '사안'이 아니라 '관계의 신호'로 다루는 제도를 직접 설계하고 운영했던 경험은, 회복을 말로만 주장하는 데서 그치지 않고 학교가 실제로 선택할 수 있는 방식으로 구현해 낸 과정이었다.

진로교육 역량 강화를 위한 학교관리자(교장) 워크숍

제도와 사람이 함께 준비될 때에만 갈등이 교육으로 전환될 수 있다는 사실을 나는 그 자리에서 분명히 확인했다.

갈등과 삶을 가르치는 교육은 결국 같은 질문으로 수렴된다. 아이가 자신의 삶을 주체적으로 살아갈 수 있도록 돕고 있는가. 이 질문에 그렇다고 답할 수 있을 때, 학교는 비로소 교육의 이름에 가까워진다.

진로교육원 옥상 공간에서

교육은 사회로 이어진다

학교는 교실 안에서 완성되지 않는다. 나는 오랫동안 그 사실을 교육 현장에서, 그리고 행정의 자리에서 반복해서 확인해 왔다. 아이들은 교실에서 배우지만, 그 배움은 언제나 교실 밖을 향한다.

학교에서 던진 질문은 집으로 돌아가 식탁 위에 놓이고, 뉴스 속 장면과 겹쳐지며, 어느 순간 아이 자신의 삶에 대한 고민으로 바뀐다. 교육이 사회와 이어지지 못할 때, 아이들의 질문은 공중에 떠버린다.

환경 보호를 위한 환경연합 서명 활동

아이들이 가장 자주 묻는 질문은 생각보다 단순하다.

“이 공부는 사회에서 어디에 쓰이나요.”
“학교에서 배운 게 세상에서는 어떤 의미가 있나요.”

이 질문에 답하지 못하는 교육은 결국 아이들의 삶과 멀어진다. 그 거리감이 커질수록 공교육의 힘은 약해진다. 그동안 우리는 교육을 보호한다는 이유로 사회와 거리를 두려고 했다.

교육은 중립적이어야 한다는 말이 자주 사용되었다. 그러나 그 말이 교육을 사회 문제로부터 떼어놓는 방패가 되어서는 안 된다고 나는 생각했다. 아이들은 이미 사회 안에서 살아가고 있기 때문이다.

사회의 갈등과 불평등, 변화와 위기는 교실 밖의 이야기가 아니라 아이들의 일상과 직접 맞닿아 있다.

학교가 사회의 문제 앞에서 아무 말도 하지 않을 때, 아이들은 ‘말하지 않는 법’을 배운다. 공정함을 이야기하면서 불공정한 현실을 외면하면, 아이들은 말이 아니라 현실을 배운다.

책임을 강조하면서 책임지는 어른의 모습을 보여 주지 않으면, 아이들은 냉소를 배운다. 나는 교육이 이런 방식으로 사회와 단절되는 순간을 가장 경계해 왔다.

사회참여 활동(금강수목원 보호, 김장 담그기)

그래서 교육은 사회로 이어져야 한다고 말해 왔다. 그것은 교육이 정치의 도구가 되어야 한다는 뜻이 아니다. 교육은 특정한 이념을 주입해서도, 정답을 강요해서도 안 된다.

그러나 동시에 교육은 사회의 구조적 문제를 외면해서도 안 된다. 교육의 역할은 답을 주는 것이 아니라, 질문할 수 있는 힘을 길러 주는 데 있기 때문이다.

이재명의 정치학교에서 배움의 시간을 갖다

민주주의와 시민성, 사회적 책임은 교과서로만 배울 수 없다. 회의에 참여하고, 의견을 내고, 결정의 결과를 함께 감당해 보는 경험 속에서 아이들은 비로소 사회의 구성원으로 성장한다.

학교가 사회와 연결될 때, 아이들은 자신이 배운 것이 현실을 이해하는 데 쓰일 수 있다는 감각을 얻게 된다. 그 감각은 배움의 의미를 완전히 바꾸어 놓는다.

시민과 함께한 교육

교육이 사회로 이어진다는 말은, 학교가 더 많은 일을 떠안아야 한다는 뜻이 아니다. 오히려 그 반대에 가깝다.

학교가 혼자서 모든 것을 책임지려 할 때, 교육은 쉽게 고립된다. 교육이 사회로 확장되는 첫 번째 방식은, 학교가 시민과 관계를 맺는 일이라고 나는 생각해 왔다.

세종에서 교육을 이야기하며 가장 인상 깊었던 점은, 시민들이 교육을 '남의 일'로 두지 않는다는 사실이었다. 학부모, 교사, 지역 활동가, 동문들은 각자의 자리에서 교육의 변화를 이야기하고 있었다.

금호중학교 총동문회 활동은 이 감각을 가장 분명하게 보여 준 경험이었다. 졸업 이후에도 학교를 잊지 않고 다시 연결된 어른들이 장학금을 마련하고, 학교 이전 문제를 함께 고민하는 모습은 교육이 개인의 추억을 넘어 공동체의 책임으로 확장될 수 있음을 보여 주었다.

금호중학교 총동문회장 이임 및 취임식

이 과정에서 나는 시민 참여가 교육의 부담을 키우는 것이 아니라, 오히려 학교를 보호하는 힘이 될 수 있다는 사실을 확인했다. 학교의 결정이 혼자가 아니라는 것, 교육이 행정의 판단만으로 움직이지 않는다는 신뢰는 갈등의 순간에도 중요한 완충 장치가 되었다.

시민과 함께하는 교육은 학교의 권위를 약화시키는 것이 아니라, 학교가 사회 속에서 설 자리를 더 단단하게 만들어 주었다.

'세종을 교육수도로 만들겠다'라는 말 역시 이 맥락에서 이해해야 한다고 나는 생각했다. 그것은 경쟁을 부추기는 구호가 아니라, 시민의 삶 속에 교육을 놓겠다는 선언에 가까웠다.

교육을 위해 사람들이 찾아오는 도시는, 학교만 좋은 도시가 아니라 교육을 함께 이야기하는 시민이 있는 도시여야 했다.

민주주의를 배우는 학교

민주주의는 교과서의 정의로는 살아 움직이지 않는다. 나는 오랫동안 학교가 민주주의를 너무 안전한 거리에서 가르치고 있다고 느껴 왔다.

투표의 원리와 삼권분립의 구조를 배우는 것은 중요하지만, 그것만으로 민주주의를 이해했다고 말할 수는 없다. 민주주의는 결정의 과정에 참여해 보는 경험 속에서 비로소 체득된다.

민주주의를 실천하다

그래서 학교는 작은 민주사회여야 한다고 나는 믿어 왔다. 아이들이 공동의 문제를 놓고 토론하고, 서로 다른 의견을 조정하며, 결정의 결과를 함께 감당해 보는 경험. 이 경험은 느리고 불편하다.

합의는 쉽지 않고, 때로는 갈등이 더 분명해지기도 한다. 그러나 이 과정을 건너뛰고 민주주의를 가르칠 수는 없다고 나는 생각했다.

학생자치와 참여를 확대하려는 시도는 종종 '수업 방해'나 '효율 저하'로 비판받았다. 그러나 나는 그 비판이 민주주의의 본질을 오해하고 있다고 느꼈다.

민주주의는 언제나 효율적이지 않다. 오히려 비효율을 감수하는 태도 속에서, 타인의 권리와 책임을 함께 배우게 된다.

아이들이 자신의 의견이 학교 운영에 반영되는 경험을 할 때, 민주주의는 시험 문제가 아니라 삶의 원리가 된다.

회의에 참여하고, 반대 의견을 듣고, 다수결의 결과를 받아들이는 과정 속에서 아이들은 자연스럽게 배운다. 민주주의는 이겨야 하는 제도가 아니라, 함께 살아가기 위한 약속이라는 사실을.

이 지점에서 나는 교육과 정치의 관계에 대해 스스로에게 엄격한 기준을 세우게 되었다. 교육이 특정 이념을 주입하는 수단이 되어서는 안 된다는 점에는 변함이 없다.

그러나 동시에 교육이 사회적 책임으로부터 완전히 분리될 수도 없다는 사실 역시 분명했다. 민주주의를 가르친다는 것은 정치적 선택을 강요하는 일이 아니라, 선택의 과정을 이해할 수 있는 힘을 기르는 일이었다.

사회참여 활동

사회 문제를 바라보는 아이들의 시선

교육이 사회와 연결될 때, 아이들의 질문은 달라진다.
"이건 시험에 나오나요"라는 질문 대신, "이 문제는 왜 생긴 거예요"라는 질문이 등장한다.

나는 이 변화가 교육이 사회로 이어지고 있다는 가장 분명한 신호라고 느꼈다. 평화와 통일 교육을 둘러싼 고민 역시 이 흐름 속에 있었다.

통일은 먼 미래의 정치 과제가 아니라, 지금을 살아가는 아이들이 어떤 세계관을 갖고 성장하느냐의 문제다. 그러나 학교는 이 문제를 오랫동안 지나치게 조심스럽게만 다뤄 왔다. 중립이라는 이름으로 침묵하는 순간, 아이들은 무관심을 학습하게 된다.

아이들은 이미 뉴스를 통해, 가족의 대화를 통해, 사회의 갈등을 접하고 있다. 그 현실을 학교에서 외면할수록, 아이들은 질문할 언어를 잃는다.

통일과 평화, 인권과 환경 같은 사회 문제를 다루는 교육은 특정한 답을 주는 교육이 아니라, 사고의 틀을 제공하는 교육이어야 했다.

역사와 국제 관계, 인간의 존엄이라는 보편적 가치를 중심에 둘 때, 아이들은 사회 문제를 자신의 삶과 연결해 사고하기 시작했다. 이때 교육의 역할은 분명해진다.

사회 문제의 정답을 제시하는 것이 아니라, 질문할 수 있는 용기와 맥락을 제공하는 것. 서로 다른 의견을 가진 친구와 토론하고, 갈등을 조정하며, 자신의 생각을 수정해 보는 경험은 그 자체로 시민 교육이었다.

민주평화통일자문위원회 세종지역회의 참석

그래서 나는 다시 확인하게 된다. 교육은 학교만의 일이 아니다. 교육은 사회 전체가 아이에게 보내는 메시지다.

민주평화통일자문위원회 상임위원 활동

민주평화통일자문위원회 상임위원 임명장 수여식

공정하게 경쟁하라고 말하면서 불공정한 구조를 방치한다면, 아이들은 말이 아니라 현실을 배운다. 책임을 강조하면서 책임지는 어른을 보여 주지 않는다면, 아이들은 냉소를 배운다. 교육이 사회로 이어져야 하는 이유는 여기에 있다.

교육이 사회로 확장되는 방식

교육이 사회로 이어진다는 말은, 학교가 사회의 문제를 떠안는다는 뜻이 아니다. 오히려 사회가 교육의 책임을 함께 나누는 방식에 가깝다.

학교가 혼자 모든 문제를 감당하려 할 때 교육은 지치고 고립된다. 반대로 교육이 사회와 연결될 때, 학교는 비로소 숨을 돌릴 수 있다.

이 연결은 거창한 제도 개편이 아니라 관계를 다시 짜는 작업에서 시작되었다. 학교 밖의 자원을 배움으로 끌어오고, 시민의 경험을 교육의 내용으로 받아들이며, 행정의 언어를 아이들의 삶의 언어로 번역하는 시도였다.

세종이라는 도시는 이러한 실험을 가능하게 하는 조건을 갖고 있었다. 행정기관과 연구기관, 시민사회가 가까이 있었고, 교육에 대한 시민들의 관심과 참여 의지도 높았다.

이 과정에서 내가 가장 중요하게 여긴 기준은 늘 같았다. 이 연결이 아이들의 하루를 더 나아지게 하는가. 이 확장이 아이들에게 새로운 질문을 열어 주는가.

교육이 사회로 확장되는 방식은, 아이들에게 사회 문제의 정답을 알려 주는 일이 아니었다. 대신 사회를 이해할 수 있는 언어와 맥락을 갖게 하는 일이었다.

교육이 사회와 연결될수록, 오히려 교육의 본질은 더 또렷해졌다. 배움은 교과서 안에만 있을 때보다 사회와 맞닿을 때 더 깊어졌다.

아이들은 자신이 배우는 것이 현실과 연결되어 있다는 감각을 가질 때 비로소 배움에 의미를 부여하기 시작했다.

금호중학교 총동문회 활동은 이 확신을 가장 생생하게 확인시켜 준 경험이었다. 학교 이전이라는 중대한 과제 앞에서, 행정의 판단만으로는 해결할 수 없는 문제들이 시민의 참여 속에서 풀려 나갔다.

금호중학교 총동문회장 인사말

동문들이 장학금을 마련하고 학교의 미래를 함께 고민하는 과정은, 교육이 제도로만 유지되지 않고 관계로 지탱된다는 사실을 보여 주었다. 아이들은 그 모습을 보며 사회가 무엇을 소중히 여기는지를 자연스럽게 배우고 있었다.

학교는 행정의 결정만으로 유지되지 않는다. 기억하는 사람들, 지지하는 시민들, 다시 책임지려는 어른들이 있을 때 학교는 비로소 버틴다.

그리고 그 버팀 속에서 아이들은 사회가 어떻게 작동하는지를

금호중학교 역사관 개관 기념

배운다. 참여하고, 책임지고, 공동의 결정을 감당하는 법을.

그래서 나는 교육이 사회로 이어진다는 말을 이렇게 이해하게 되었다. 학교가 사회의 문제를 떠안는 것이 아니라, 사회가 교육의 책임을 함께 지는 방식. 그 방식 속에서 학교는 고립된 섬이 아니라 사회로 나아가는 출발점이 된다.

아이들은 그 출발점에서 세상을 향해 질문하는 법을 배운다. 그것이 내가 경험을 통해 얻은 결론이다.

교육은 사회로 이어진다. 그리고 그 연결이 단단할수록, 교육은 흔들리지 않는다.

동문들과 함께한 산악회 활동

에필로그

이 책을 쓰며 나는 여러 번 멈췄다. 어떤 장면은 다시 떠올리는 것만으로도 마음이 무거웠고, 어떤 선택은 여전히 쉽게 설명되지 않았다.

그러나 멈출 때마다 나를 다시 앞으로 움직이게 한 질문은 늘 같았다. 이 선택은 아이들의 삶에 어떤 흔적을 남기는가. 그 질문은 교실에서 시작되어 행정의 자리로 이어졌고, 다시 사회의 한복판으로 나를 데려갔다.

나는 이 책을 통해 정답을 제시하려 하지 않았다. 교육에는 언제나 여러 선택지가 있고, 그 선택은 늘 불완전하다. 다만 나는 숨기지 않으려 했다.

어떤 순간에 무엇을 기준으로 망설였고, 어디에서 물러서지 않으려 했는지, 그리고 그 선택이 나에게 어떤 대가를 요구했는지를. 교육은 말로 설명되기보다 선택으로 증명된다고 믿기 때문이다.

교실에서 갈등을 마주했던 시간, 처벌 대신 회복을 고민했던 순간, 진로를 정답이 아니라 탐색으로 다시 설계하려 했던 시도, 안전과 돌봄을 교육의 출발선으로 끌어올렸던 정책들, 학교를 다시 설계해야 했던 이유, 시민과 함께 교육을 이야기해야 했던 장면들. 이 모든 경험은 나에게 하나의 확신으로 모였다.

교육은 제도로만 유지되지 않고, 관계로만 완성되지도 않는다. 교육은 결국 사람이 어떤 태도로 책임을 감당하는가에 달려 있다.

나는 완벽한 어른이었던 적이 없다. 때로는 판단이 늦었고, 때로는 더 단호하지 못했다.

그럼에도 한 가지는 분명히 말할 수 있다. 침묵이 가장 안전해 보이는 순간에도, 나는 기준을 내려놓지 않으려 애써 왔다. 아무 말도 하지 않는 것이 중립이 아니라는 사실을, 아이들 앞에서 가르쳐 온 말과 어긋나지 않기 위해서였다.

교육은 느리다. 때로는 답답할 만큼 느리고, 그 결과는 당장 눈에 보이지 않는다. 그러나 누군가는 그 속도를 견뎌야 한다. 아이들이 자라 다시 학교를 떠올릴 때, 적어도 이런 어른도 있었다고 말할 수 있도록.

갈등 앞에서 도망치지 않았고, 선택 앞에서 책임을 피하지 않았으며, 사회의 문제를 외면하지 않으려 했던 어른 말이다.

이 책의 끝에서 나는 다시 처음의 자리로 돌아온다. 교실에서 아이를 바라보던 그 시선, 질문을 끝까지 놓지 않겠다는 다짐.

앞으로도 나는 흔들릴 것이다. 또다시 선택의 순간 앞에 설 것이고, 그 선택이 언제나 옳았다고 말할 수는 없을 것이다. 그러나 적어도 기준만은 분명히 하고 싶다.

그래도 나는 아이 편에 선다.

그 약속이 나를 이 자리까지 데려왔고, 앞으로의 선택 앞에서도 나를 다시 책상 앞으로 앉게 할 것이기 때문이다.